Alira Fay

Bewusst malen – Krafttiere

ALIRA FAY

BEWUSST MALEN
KRAFT TIERE

SILBERSCHNUR VERLAG

ISBN: 978-3-89845-530-5

1. Auflage 2016

Gestaltung & Satz: XPresentation, Güllesheim
Umschlaggestaltung: XPresentation, Güllesheim
Druck: Finidr, s.r.o. Cesky Tesin

Verlag «Die Silberschnur» GmbH · Steinstr. 1 · 56593 Güllesheim
www.silberschnur.de · E-Mail: info@silberschnur.de

Vorwort des Verlags

Kunst wäscht den Staub des Alltags von der Seele.

Pablo Picasso

Der Alltag mit all seiner Hektik, seinem Stress und seinen hohen Anforderungen scheint uns manchmal zu erdrücken. Wir sehnen uns nach etwas Ruhe, nach Entspannung, nach einer Möglichkeit Kraft zu tanken.

Mit einem Ausmalbuch gönnen Sie sich eine kleine Auszeit vom geschäftigen Betrieb des Alltags. Wann immer Ihnen danach ist, wann immer Sie ein bisschen Ruhe und Kraft benötigen, nehmen Sie einfach das Buch in die Hand, die Stifte, die Sie mögen, und malen Sie los. Beim Ausmalen können Sie die Welt um sich herum vergessen, sich ganz auf das konzentrieren, was Sie gerade erschaffen und einfach in den Bildern versinken.

In diesem Buch tauchen Sie ein in die Welt der Krafttiere. Die geistigen Helfer aus der Tierwelt bieten Ihnen Kraft, Schutz und Heilung und begleiten Sie unterstützend auf Ihrem Lebensweg.

36 Krafttiere warten in diesem Buch darauf, von Ihnen mit Farbe gefüllt zu werden. Lassen Sie sich bewusst auf die Bilder ein und versinken Sie beim Ausmalen ganz in der schamanischen Welt der Tiere. Verwenden Sie Farben, mit denen Sie sich wohlfühlen, und denken Sie an nichts anderes mehr als an das Ausmalen der Bilder. Dies macht den Kopf frei, verhilft zu innerer Ruhe und bringt positive Energie.

Jedes Bild in diesem Buch wird mit einer Affirmation über das Krafttier begleitet. Sie entdecken die Bedeutung des Tieres und welche positiven Eigenschaften es Ihnen schenkt.

Wenn Sie mögen, können Sie im Notizbereich unter dem Text Ihre eigenen Gedanken und Gefühle aufschreiben und sich diese später gemeinsam mit dem ausgemalten Bild ansehen.

Lassen Sie sich von den Bildern und Texten tief in den Bann Ihres Krafttieres ziehen und bauen Sie so eine ganz besondere Verbindung zu seinem Geist auf – dies hilft Ihnen dabei, sich auch mit Ihrem eigenen Geist und Ihrer inneren Welt zu verbinden.

Beim Malen selbst sind Ihrer Fantasie keine Grenzen gesetzt. Greifen Sie einfach zu Buntstift, Filzstift, Wasser- oder Aquarellfarben und lassen Sie sich treiben von den Farben, die sich Ihnen bieten. Sie benötigen zum Ausmalen keine besonderen Kenntnisse, kein ausgeprägtes Maltalent oder irgendwelche Vorkenntnisse – alles, was Sie brauchen, ist in Ihnen. Wecken Sie mit einem bunten Stift die Kreativität, die in Ihnen schlummert und lassen Sie ihr freien Lauf. Sie werden sehen, dass dies nicht nur eine Menge Spaß macht, sondern negative Gefühle und Stress einfach verschwinden lässt und Sie mit einem Gefühl von Wohlergehen und innerer Ruhe erfüllt.

Entdecken Sie daher jetzt den wohltuenden Zauber des Ausmalens und öffnen Sie den Tieren Ihre Seele, die Ihnen so viel Kraft schenken.

Wir wünschen Ihnen viel Freude damit!

ADLER

Vertrauen auf das höhere Selbst

Ich vertraue meinen Fähigkeiten und
öffne mich der Weisheit und
dem Mut meines höheren Selbst.

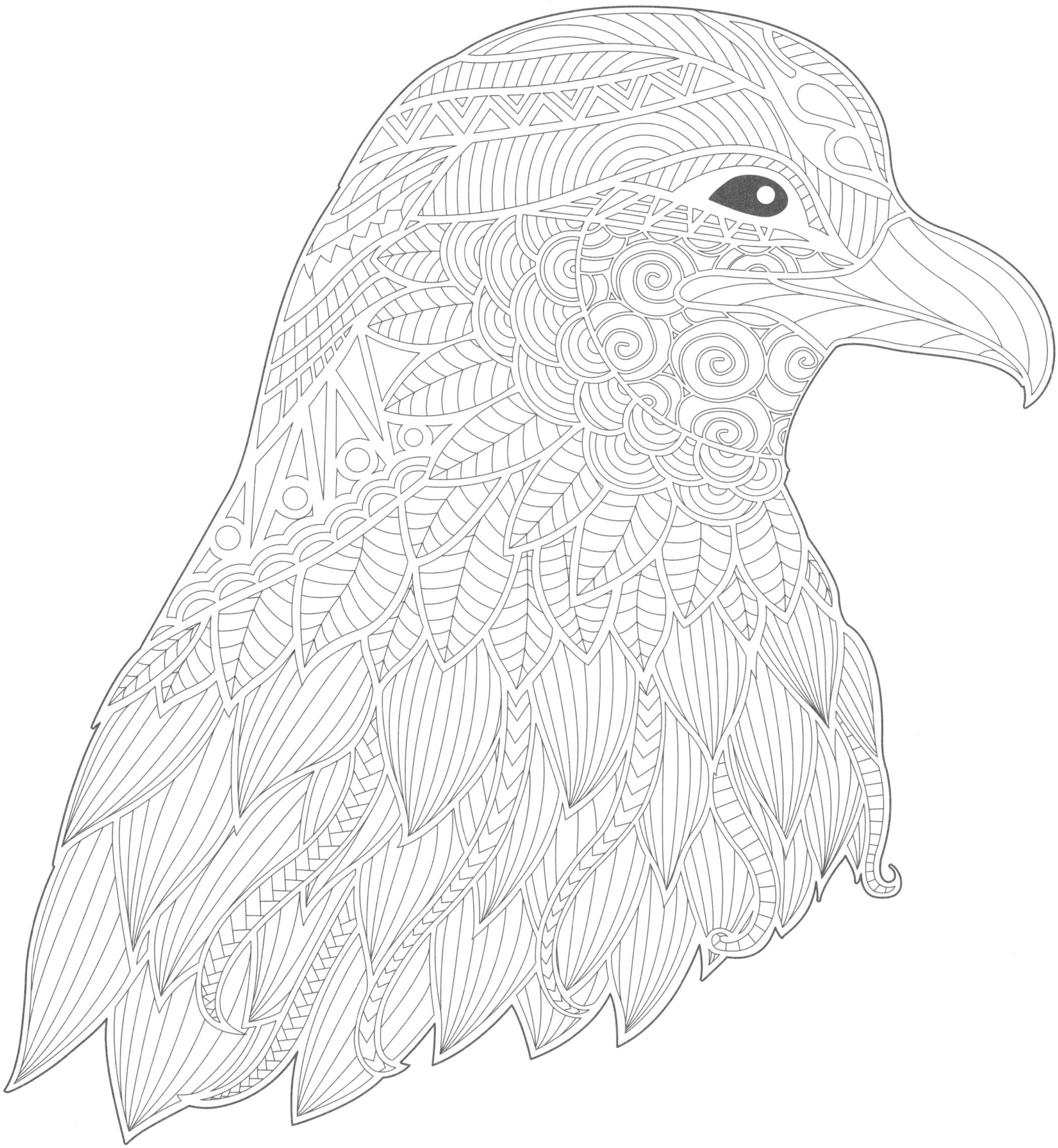

WOLF

Führung und Loyalität

Ich vertraue der Führung in mir und engagiere mich für andere.
Ich erkenne den Wert der Gemeinschaft und weiß,
dass ich meine Stärken im Team am besten entfalten kann.
Meinen Freunden und meiner Familie gegenüber
bin ich loyal und setze mich mit aller Kraft für sie ein.

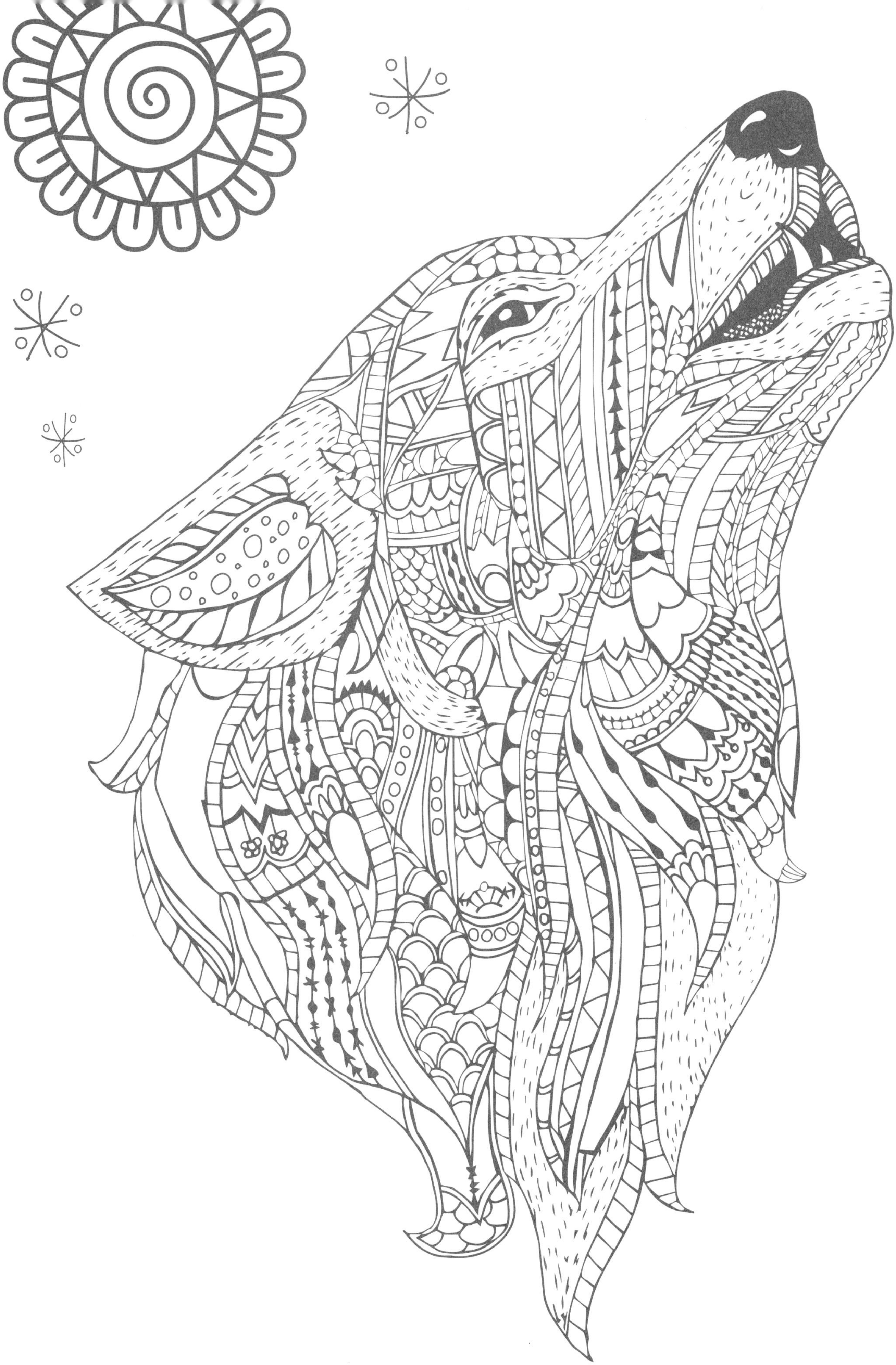

SKORPION

Vergehen und Werden

Ich habe keine Angst vor dem Tod oder vor der Dunkelheit,
denn ich weiß, dass der Kreislauf des Lebens natürlich ist.
Wenn ich mich mit meiner eigenen Dunkelheit beschäftige
und meine Tiefen auslote, gehe ich gestärkt
aus der Schattenarbeit hervor und finde Heilung.

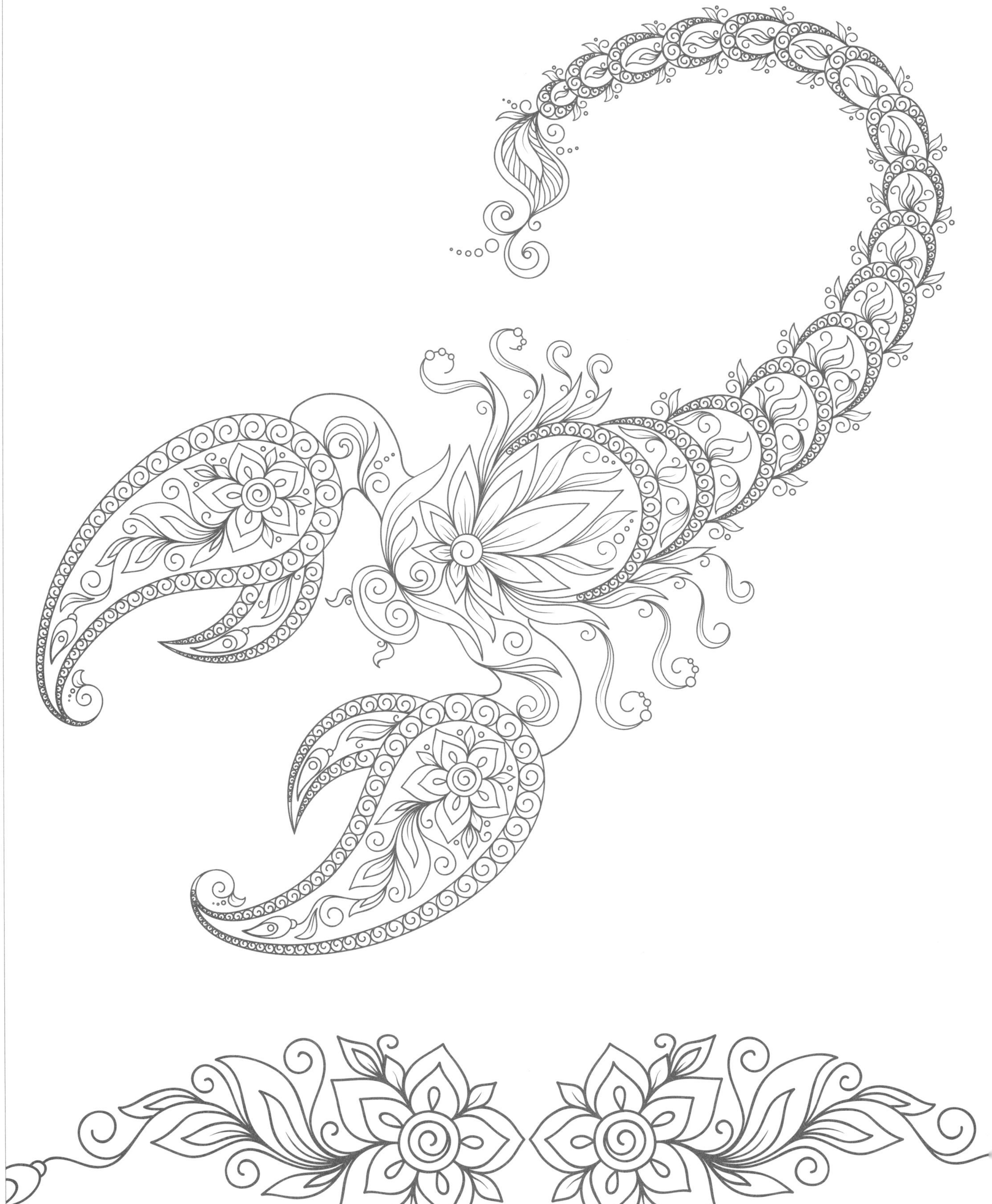

PFAU

Innere Schönheit

Ich erkenne meine innere Schönheit an
und bin mir bewusst, dass ich ein göttliches Geschöpf bin.
Ich entfalte das Kleid meiner Seele und
schreite stolz und aufrichtig durchs Leben.

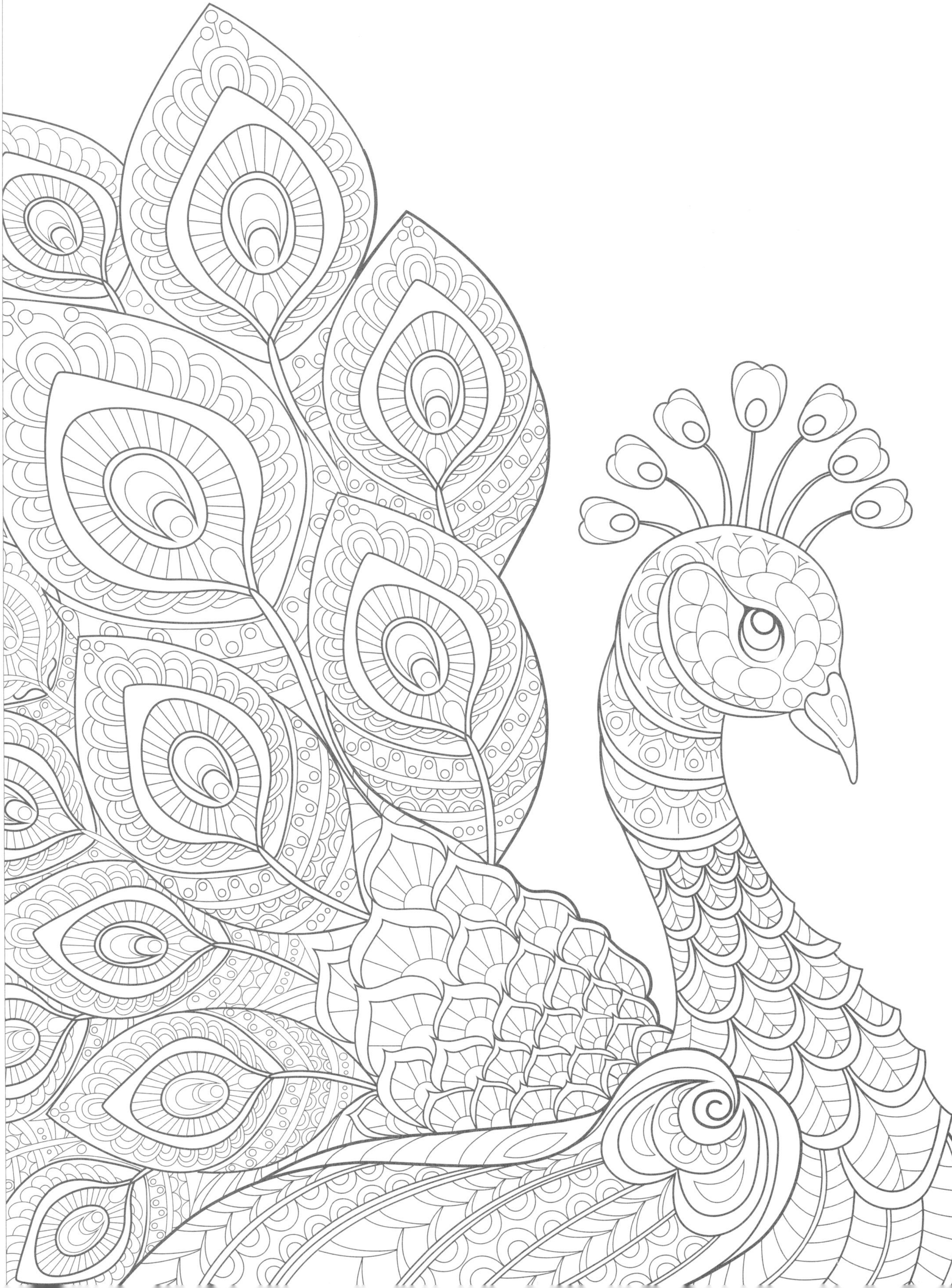

EICHHÖRNCHEN

Beharrlichkeit & Vorsorge

Ich stelle mich jeder harten Nuss, die es zu knacken gilt
und plane weise und vorausschauend.
Die Früchte des Lebens sammle ich in guten Zeiten,
um für schwere Zeiten gerüstet zu sein.

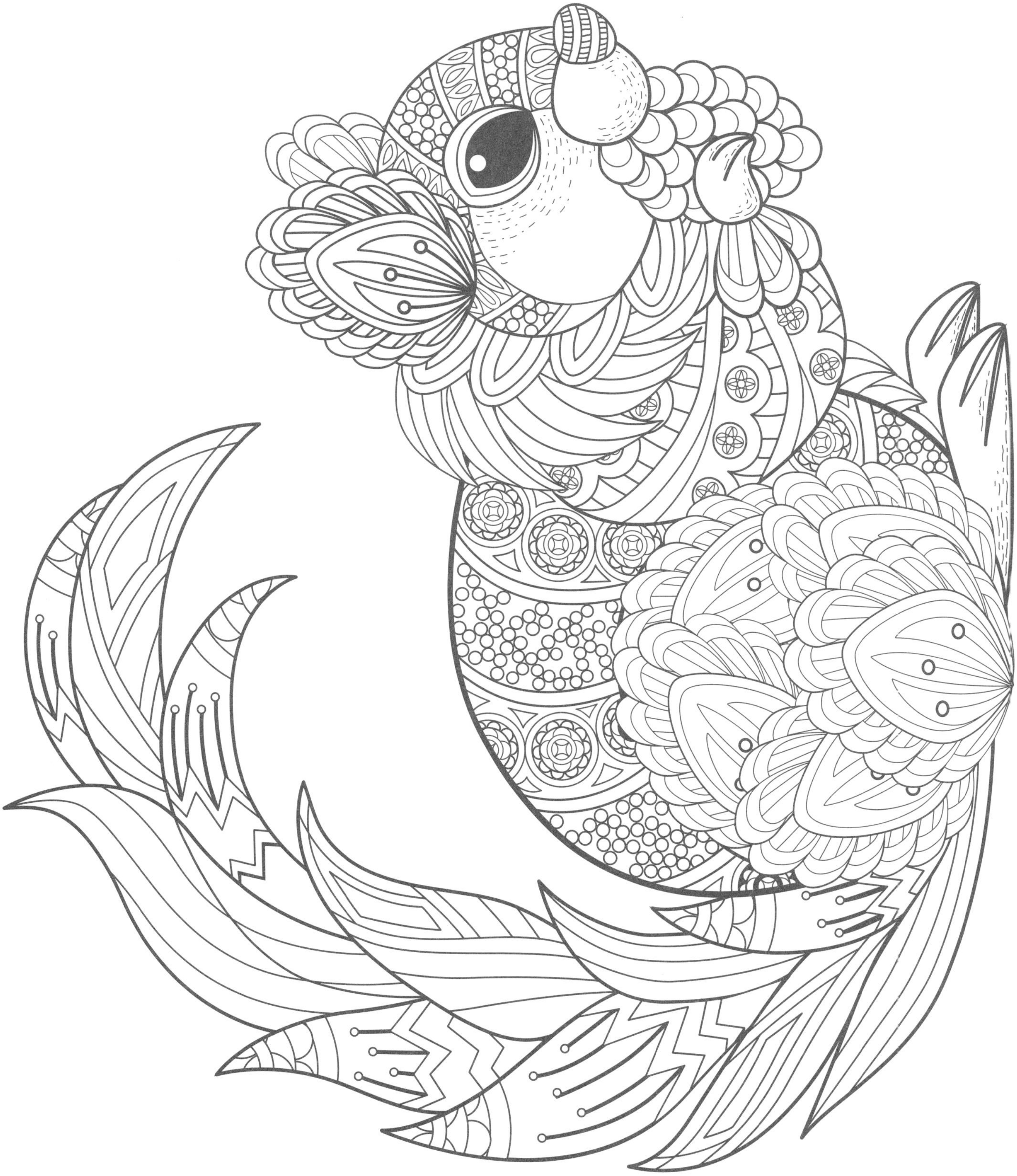

SCHILDKRÖTE

GEDULD

Ich gehe mit Geduld und ohne Hektik durch mein Leben.
Ich folge meinem Herzen und gehe meinen Weg ohne Wenn und Aber.
Ich habe alle Zeit der Welt und überstürze nichts,
denn in der Ruhe liegt die Kraft und in der Langsamkeit die Weisheit.

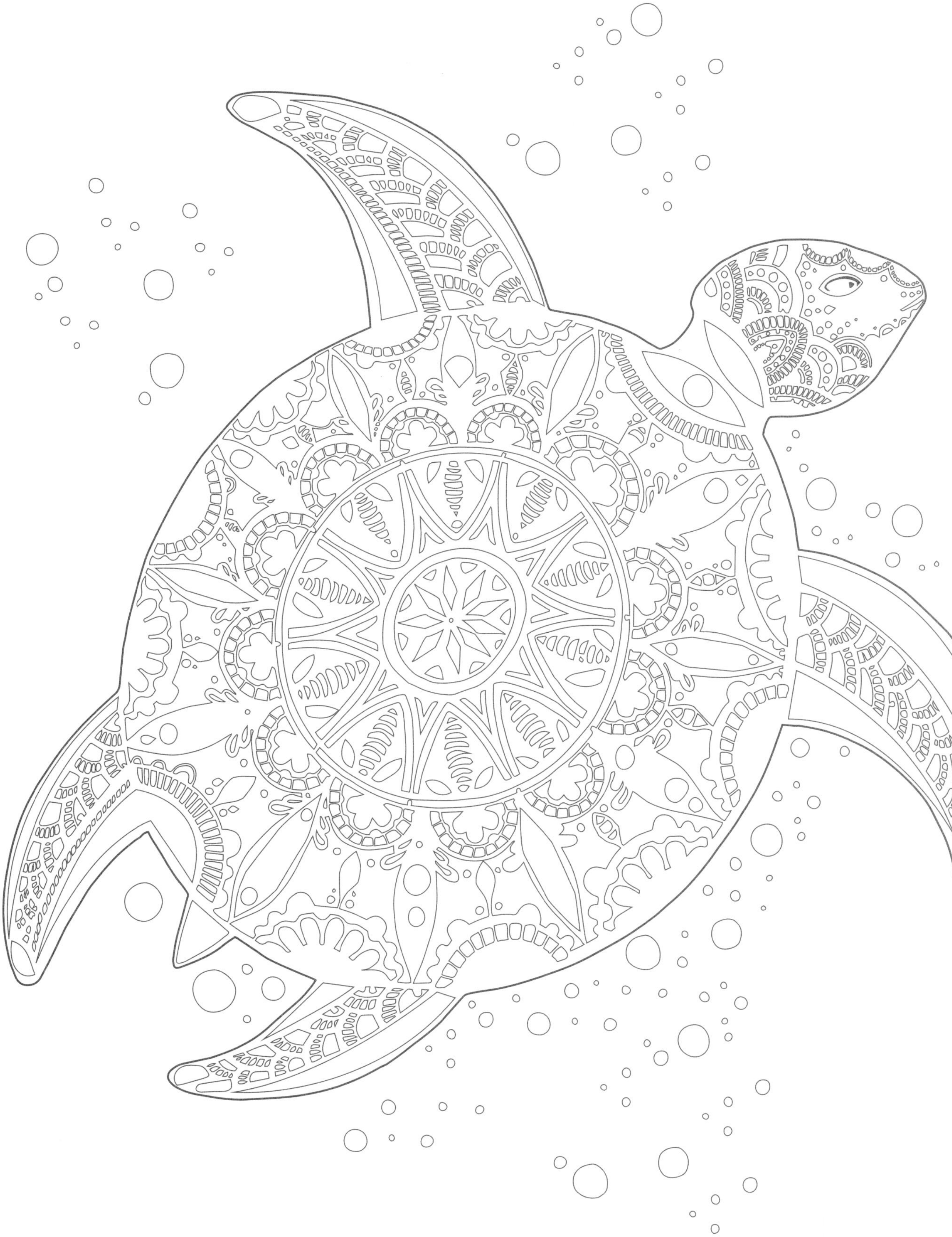

AFFE

Leichtigkeit

Ich nehme das Leben nicht zu ernst
und lasse den Dingen ihren Lauf.
Ich genieße das Glück des Augenblickes.

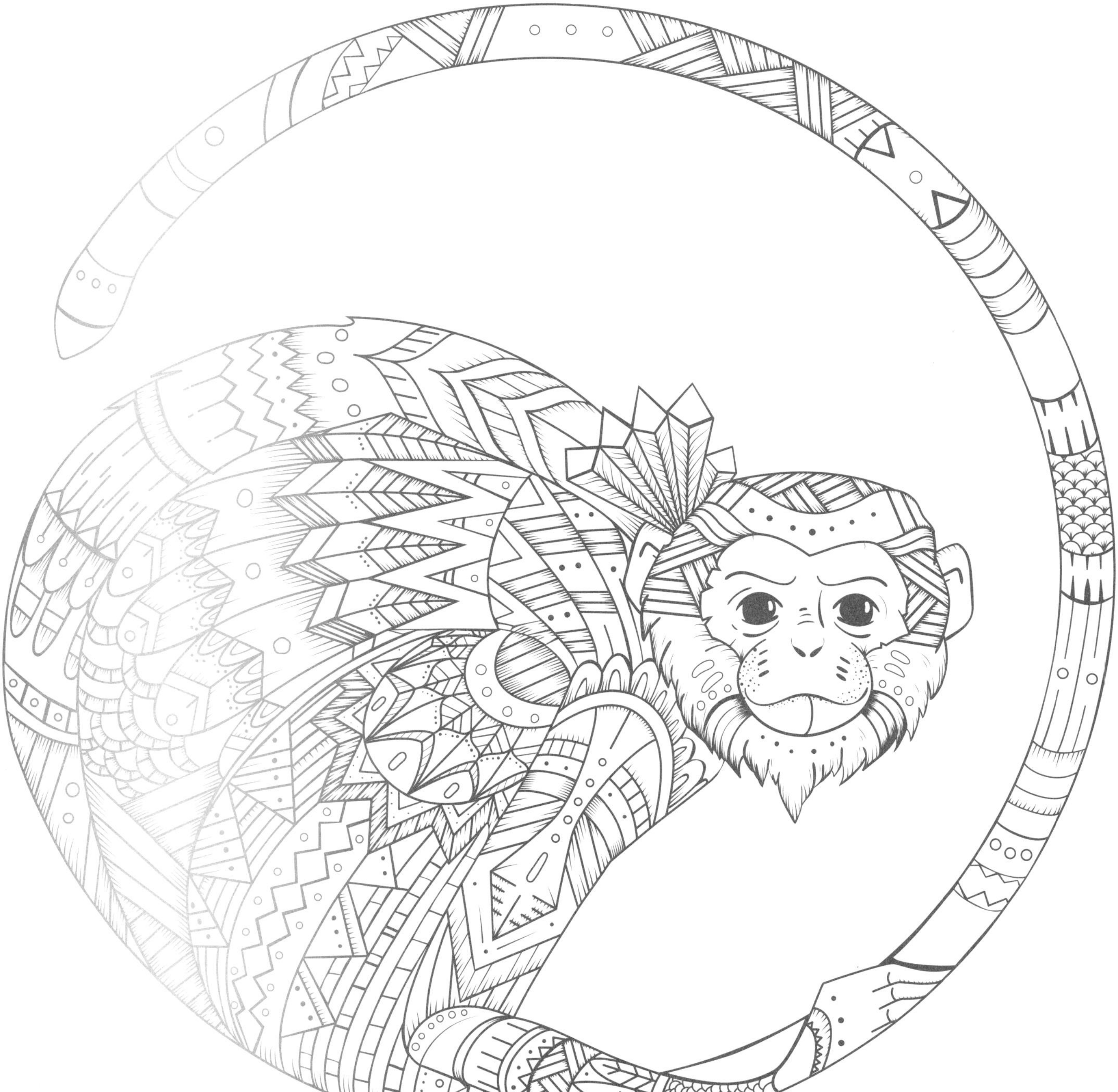

KREBS

Vorausschauendes Handeln

Erst denken, dann handeln, das ist mein Motto.
Bevor ich eine Entscheidung treffe, gehe ich in mich und ergründe,
ob dieser Weg meiner Seele förderlich ist.

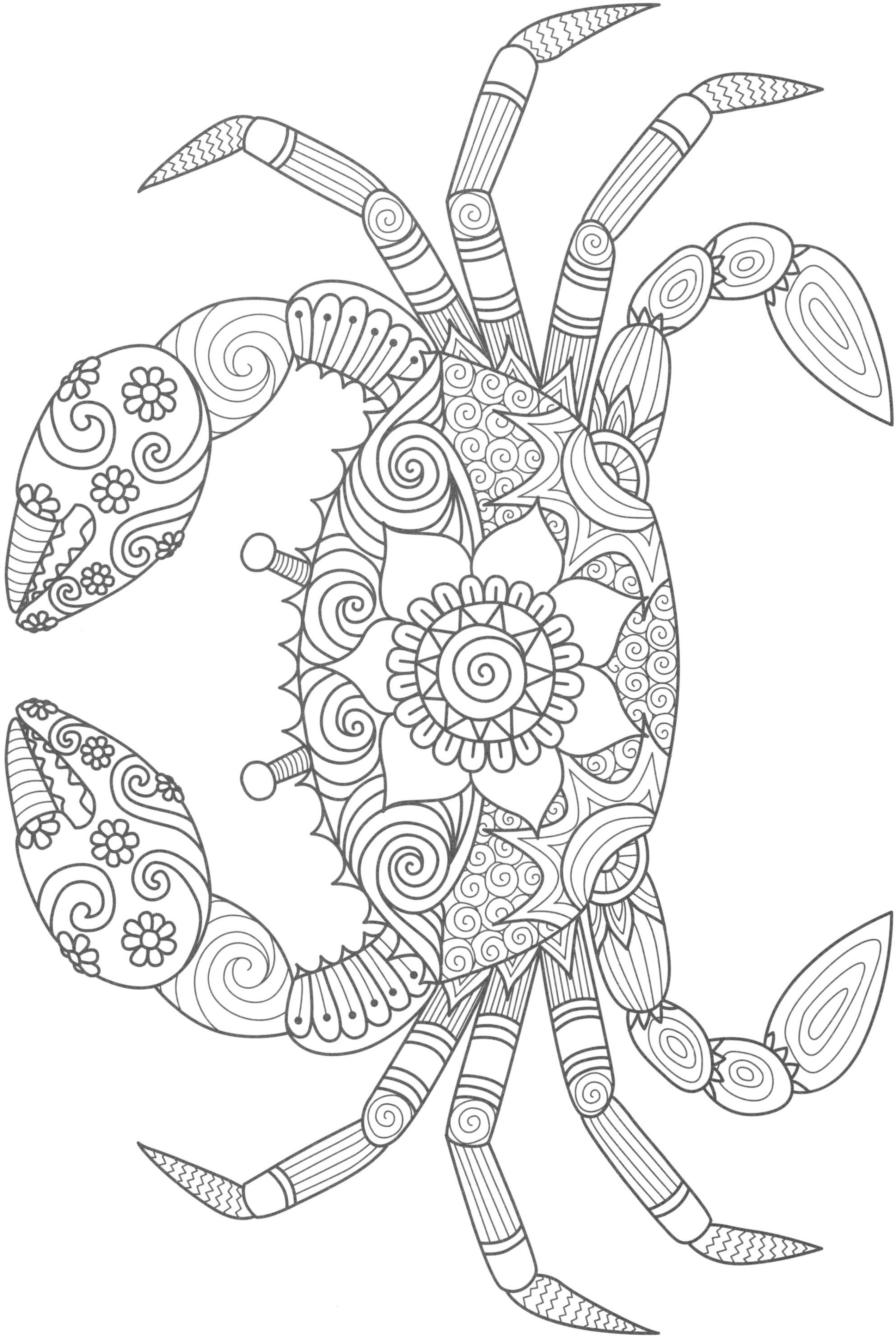

WAL

Altes Wissen

Ich trage altes Wissen in mir und
tauche in die Tiefe meiner Seele hinab,
um dieses an die Oberfläche zu bringen.
Dank dieser alten Weisheit lerne ich das Leben zu verstehen
und zu schätzen und gestärkt und voller Vertrauen
aus meiner Mitte heraus zu handeln.

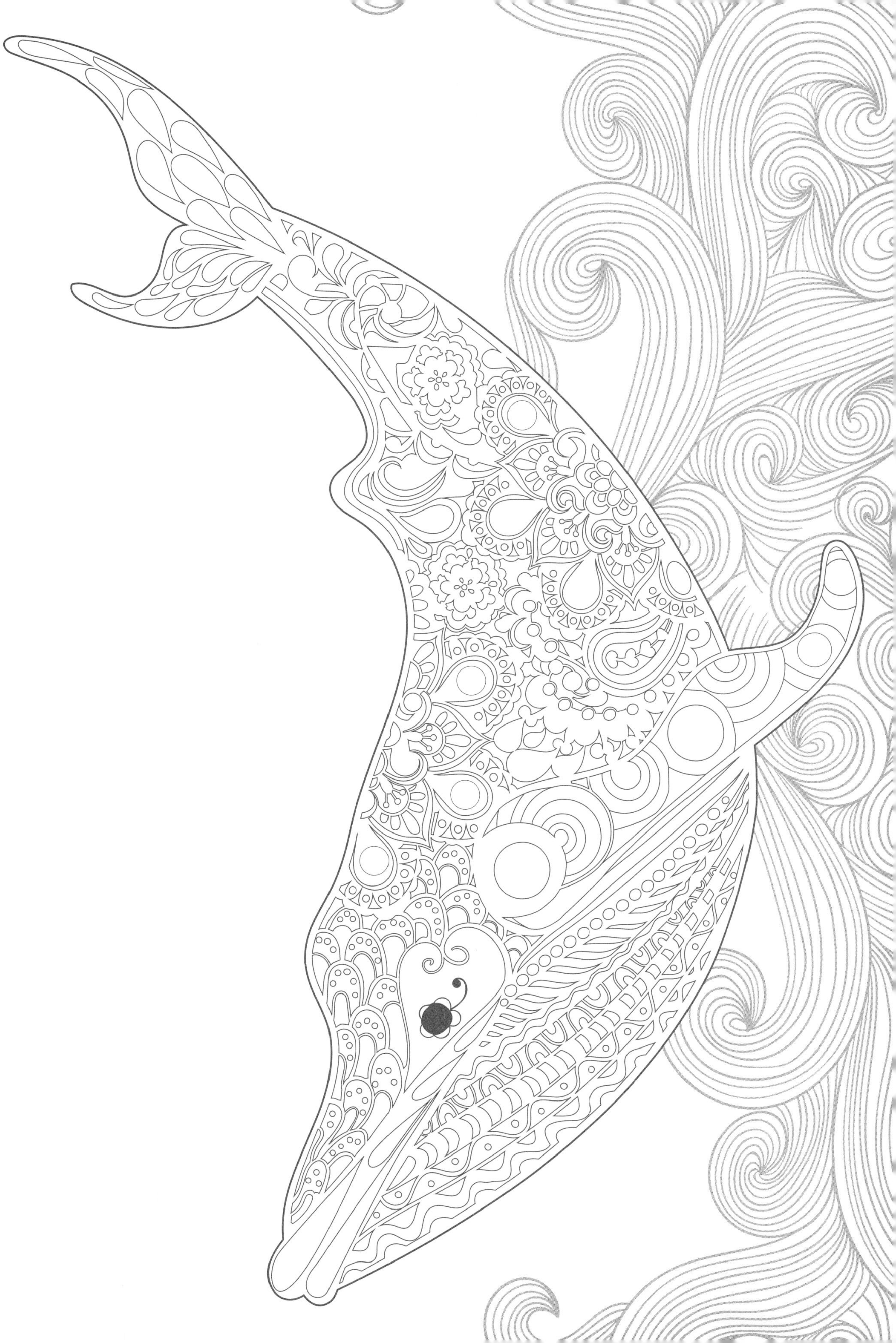

FLEDERMAUS

Wiedergeburt & Auferstehung

Ich nehme Veränderungen in meinem Leben an
und akzeptiere, dass ein alter Lebensabschnitt stirbt
und ein neuer beginnt.
Ich öffne mich der Veränderung und
der Geburt von etwas Neuem.

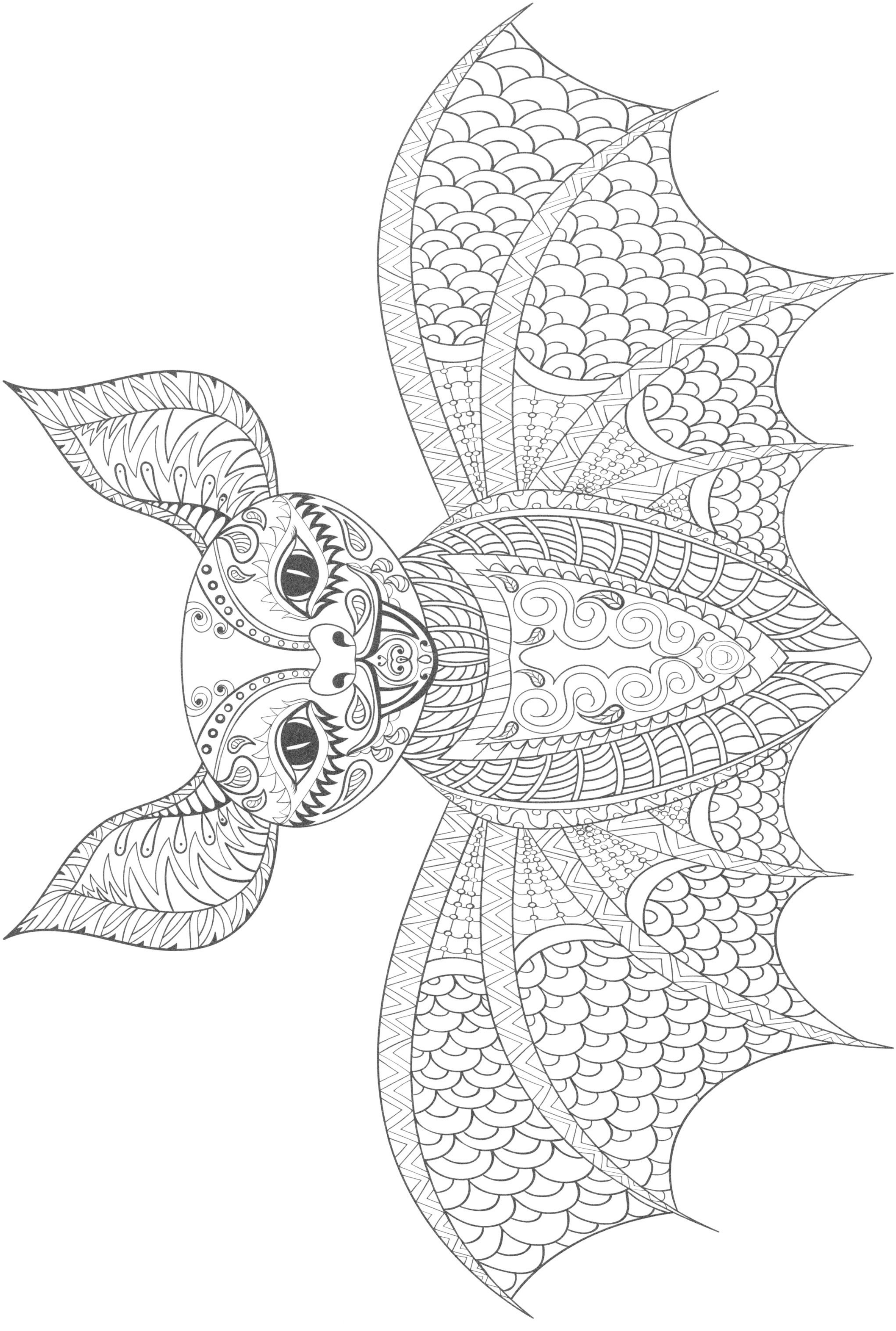

SALAMANDER

Inneres Feuer

Ich wende mich meinem inneren Feuer
und meinen Leidenschaften zu.
Das Feuer in mir ist meine unzerstörbare Natur,
mein wahres Selbst, meine Lebensenergie.
Aus ihm ziehe ich meine Schöpferkraft,
mit der ich mein Leben gestalte.

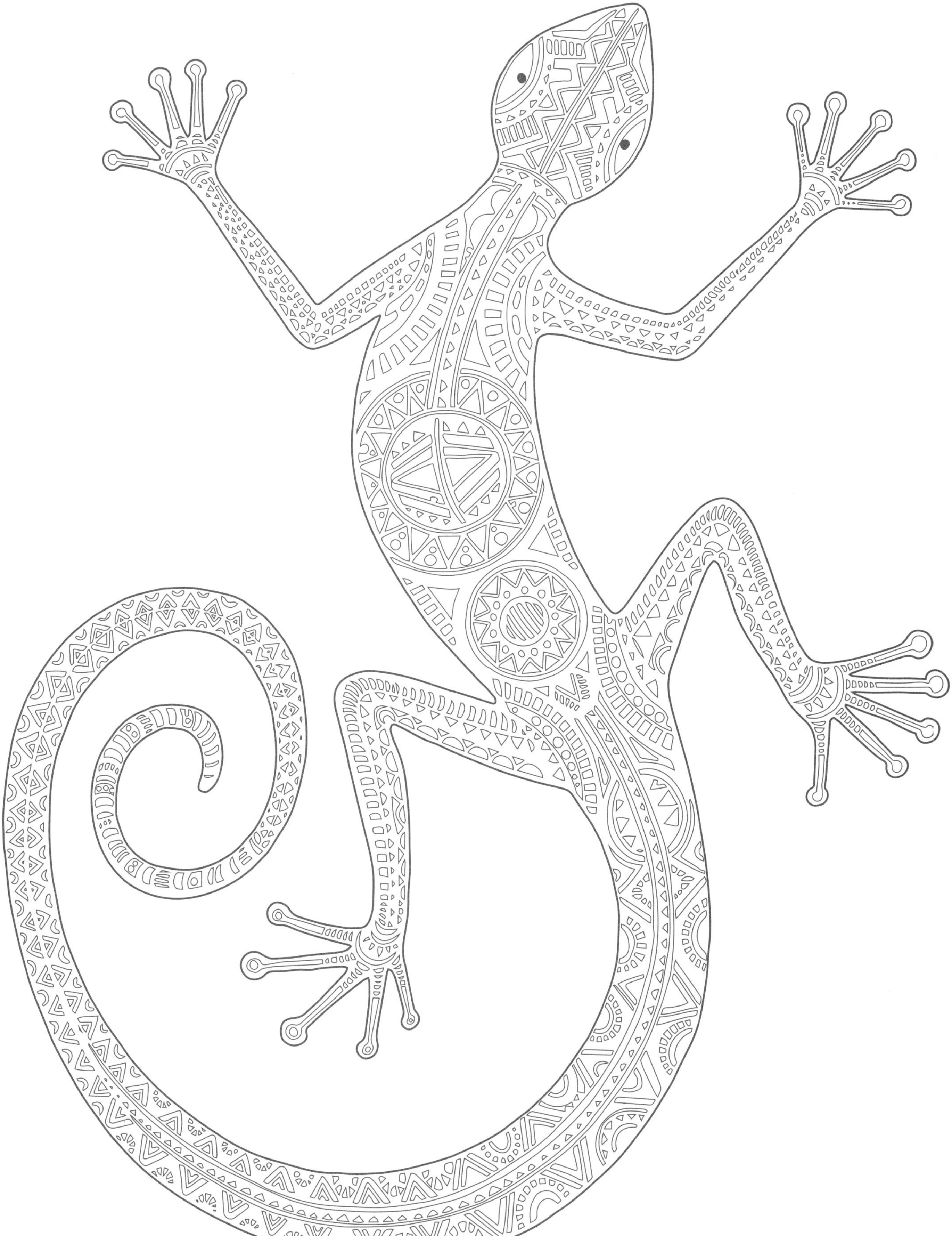

RATTE

Aufbruch

Ich bereite mich auf einen neuen Abschnitt in meinem Leben vor,
eine Zeit des Aufbruchs und des Neuanfangs steht bevor.
Ich bin gerüstet, ich vertraue auf meine Kräfte und darauf,
dass ich dafür sorgen kann, dass mein Vorhaben gelingt.

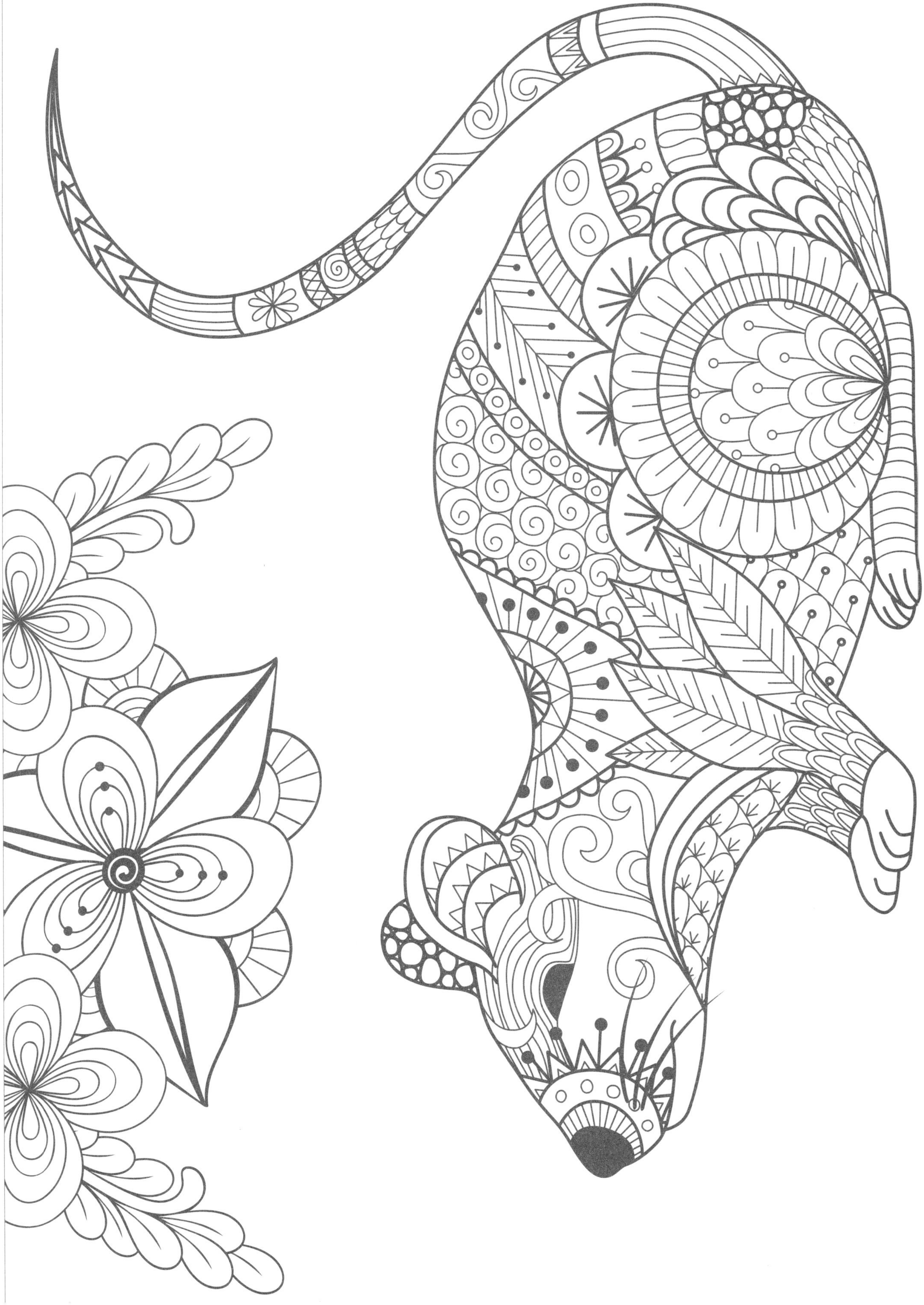

KUH

Fülle

Ich habe Vertrauen in die nährenden Kräfte
und die Fülle des Lebens.
Ich freue mich auf eine erfüllte Zukunft
und darauf, dass mich Glück, Fülle und Erfolg begleiten.

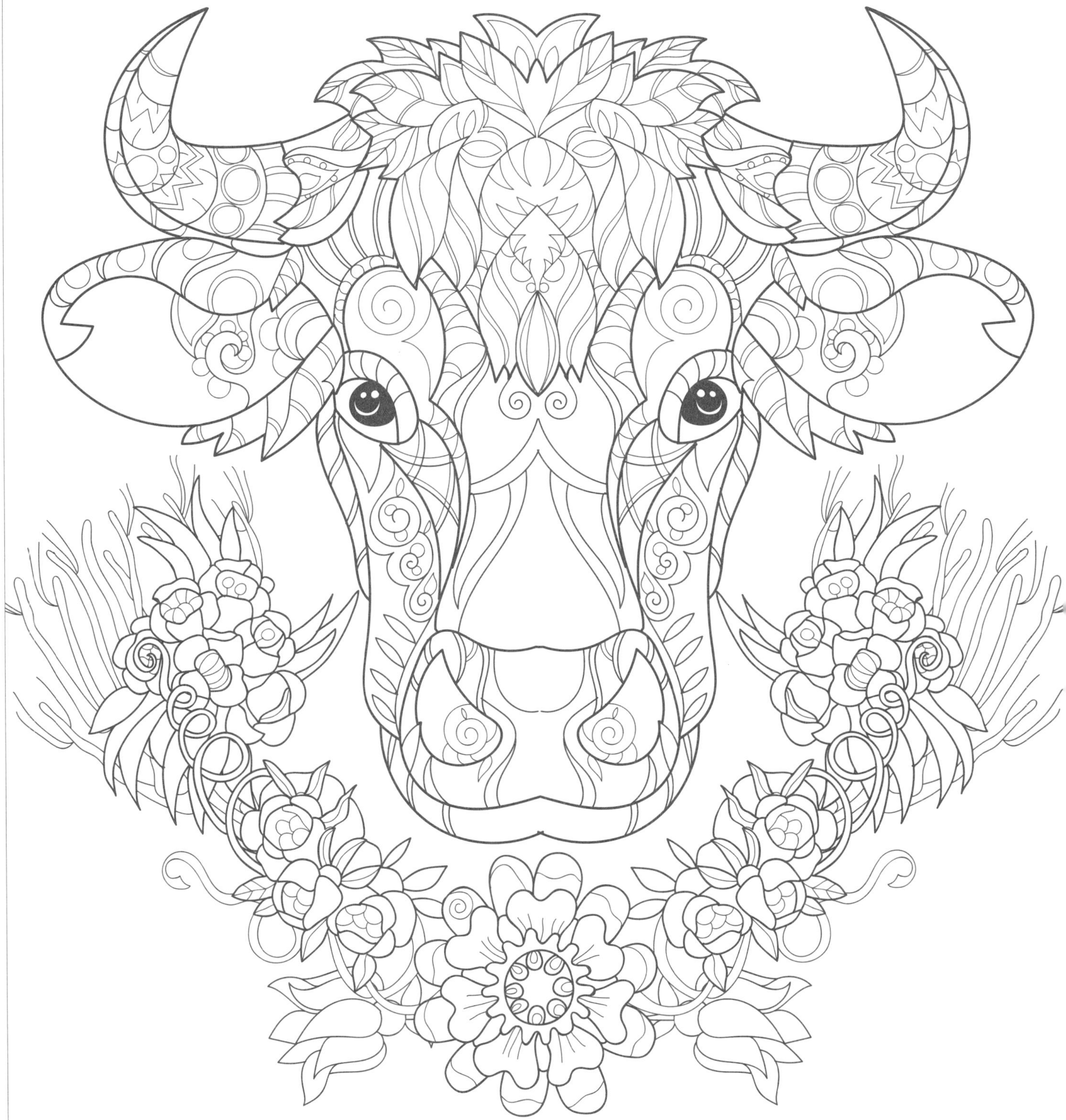

TIGER

Kräfte bündeln

Ich bündele meine Kräfte,
um sie in eine Richtung zu lenken, die mir guttut.
Ich muss nicht sofort zuschlagen, ich kann warten,
denn ich bin mir meines Zieles sicher.
Meine Kraft verschleudere ich nicht impulsiv und sinnlos,
sondern setze sie sinnvoll und zweckmäßig ein.

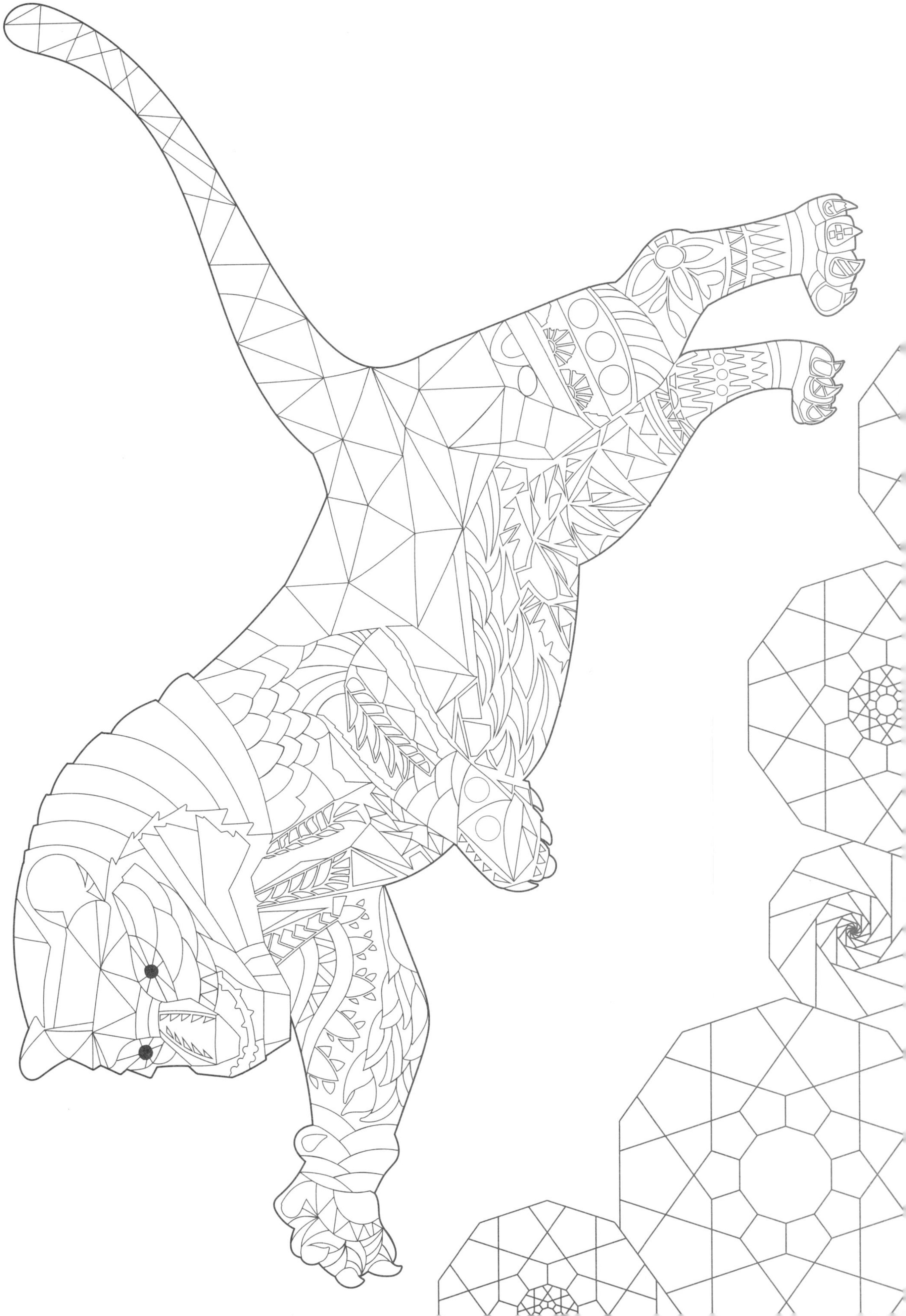

HASE

NEUES LEBEN

Ich erkenne den Rhythmus des Lebens und
den ewigen Kreislauf von Werden und Vergehen.
Ich lasse Altes los, bin offen für die Geburt neuer Ideen
und lasse neue Dinge in mein Leben.

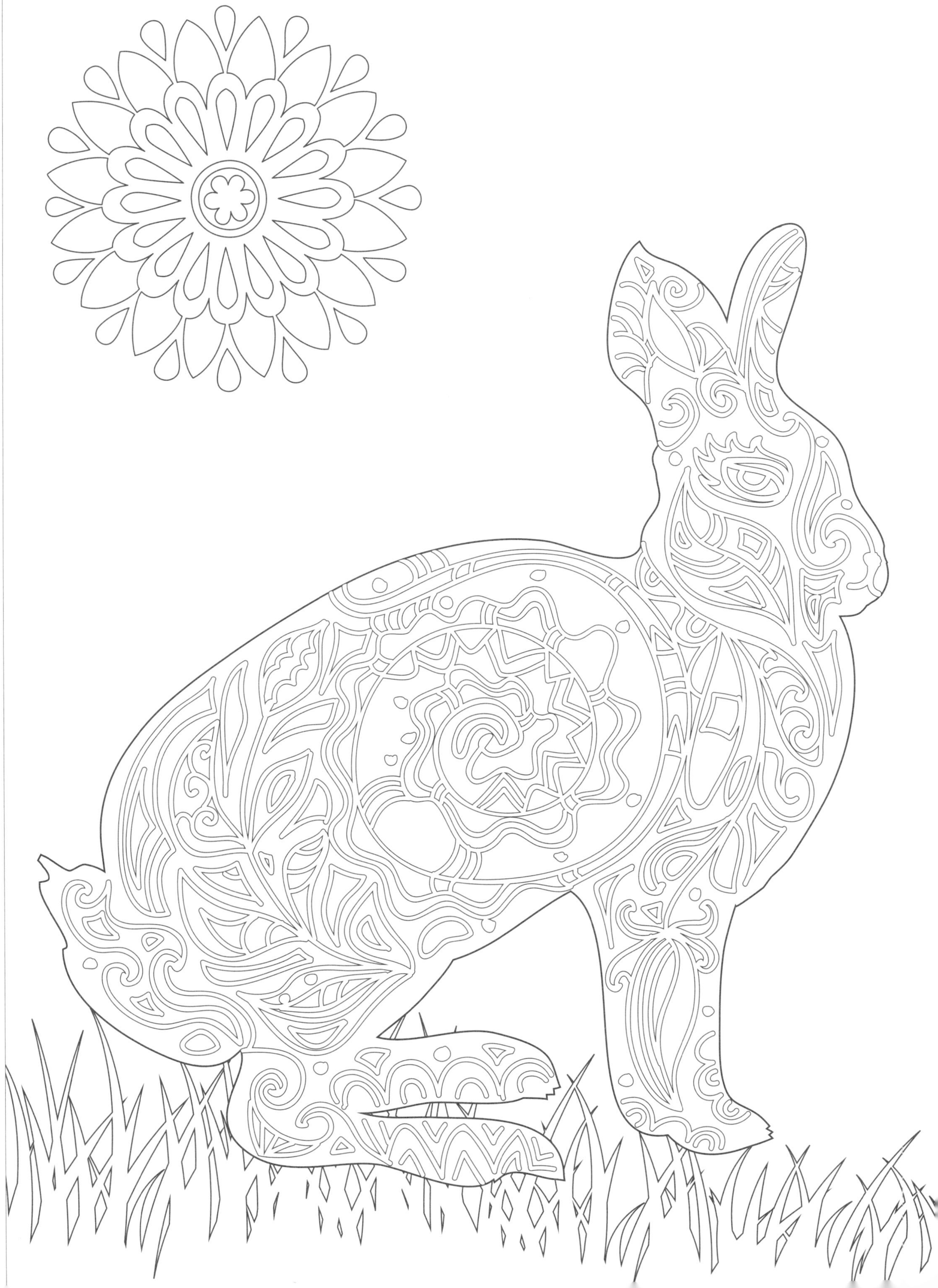

BÄR

Kraft & inneres Gleichgewicht

Ich vertraue auf meine Stärke und Kraft
und horche in mich hinein.
Dadurch werde ich mir meiner selbst bewusst
und finde zu meiner Intuition.

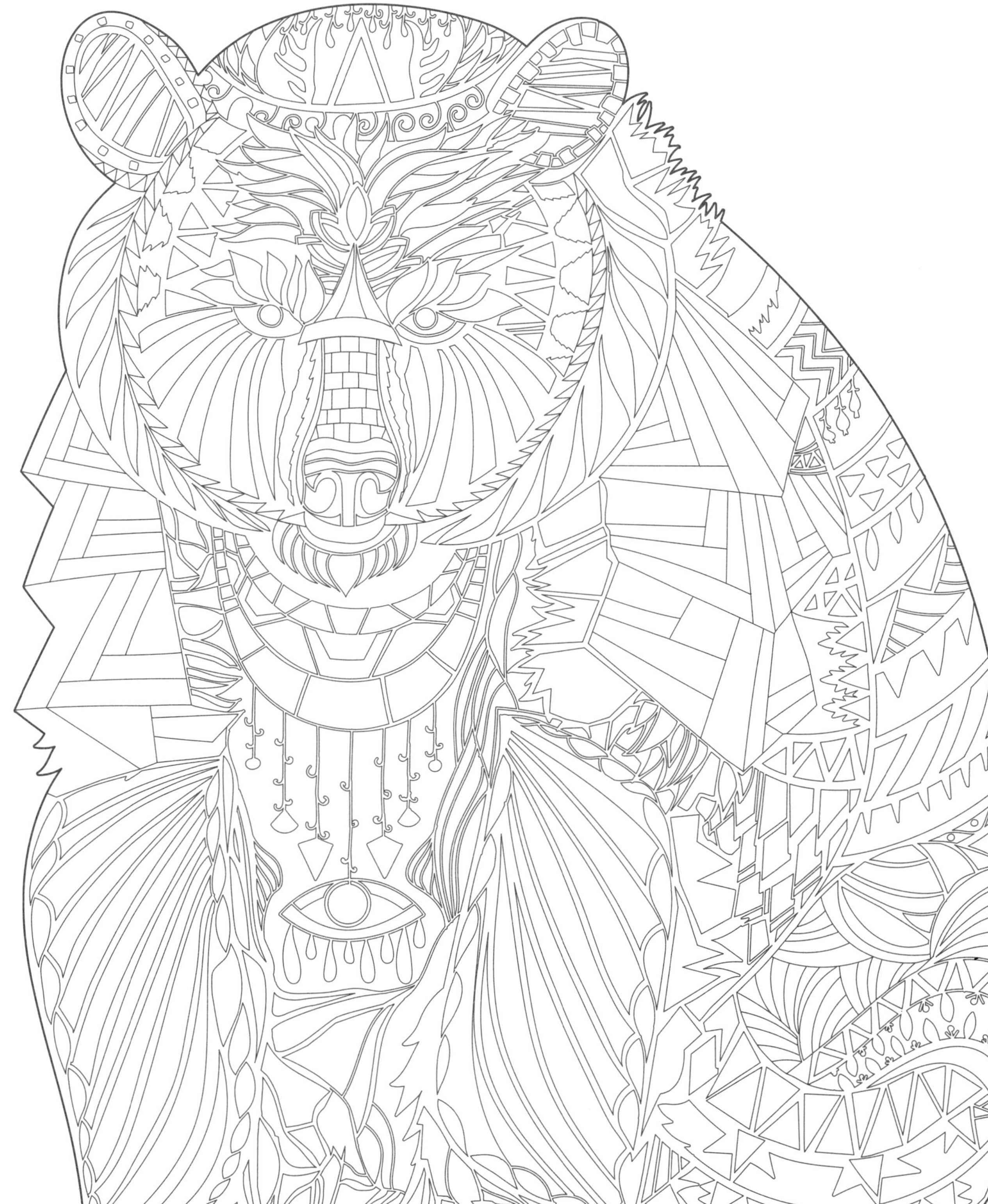

LUCHS

Geheimnisse ergründen

Ich nähere mich dem Unergründlichen
und dem Geheimnisvollen und lerne Irrtümer,
Täuschungen, Lügen und Verborgenes zu erkennen.
Ich beobachte und höre genau zu und sehe so das,
was Andere verbergen möchten.

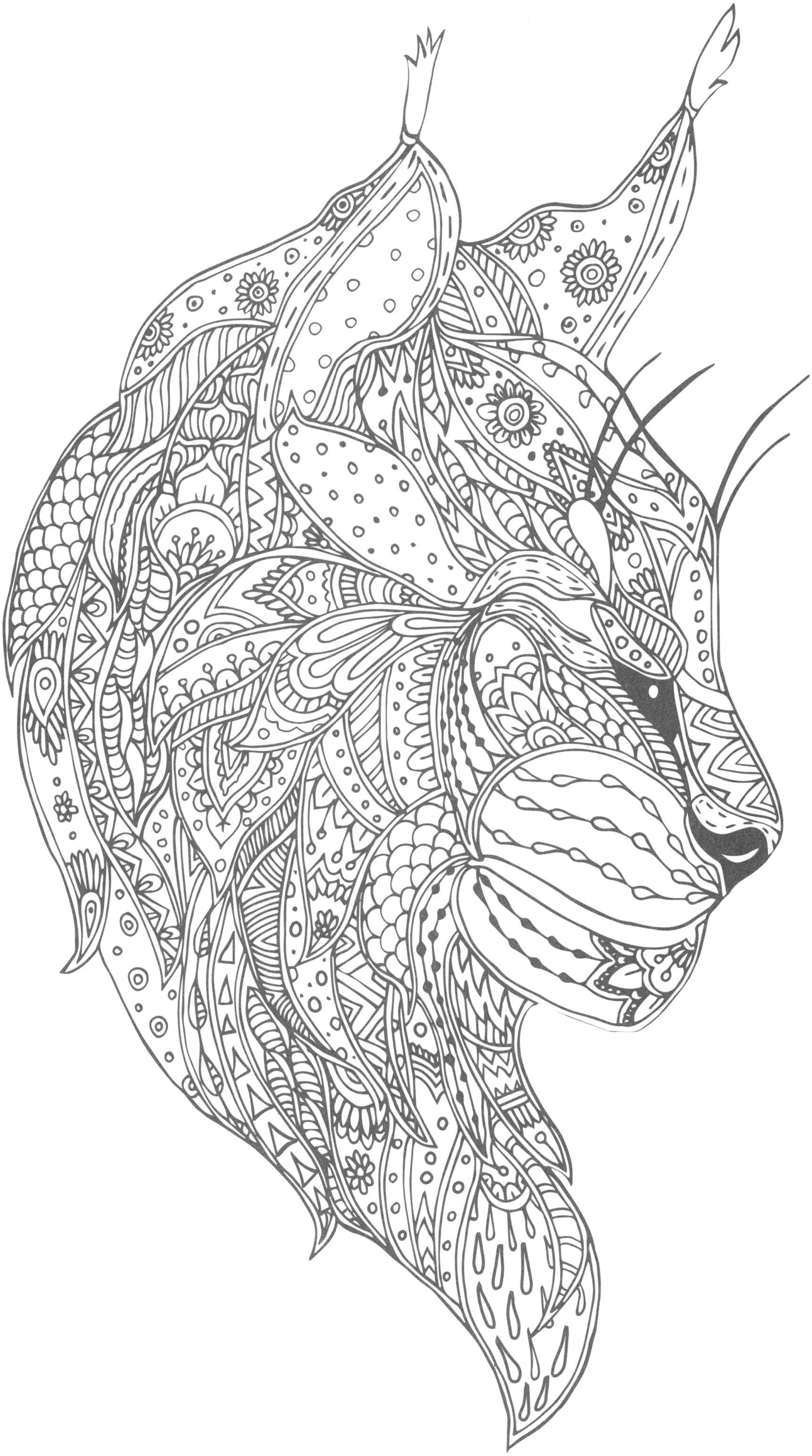

FROSCH

Reinigung

Ich bin bereit, meine Seele zu reinigen und
meine Empfindungen anzuerkennen.
Meine Gefühle sind mein innerer Regen,
der mich reinigt und befreit und ermöglicht,
dass sich neue Dinge in meinem Leben entfalten dürfen.

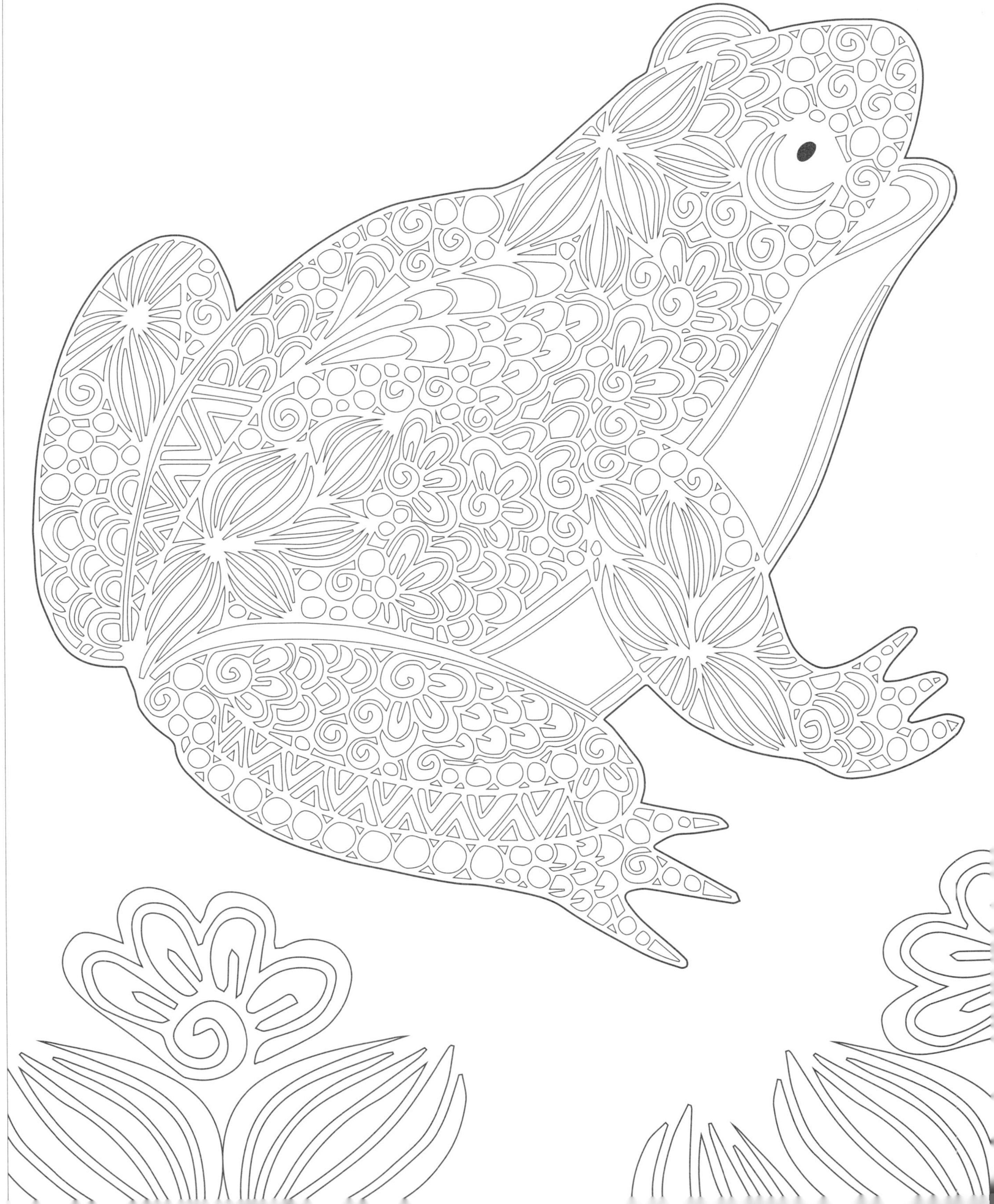

HIRSCH

Stolz & Anmut

Ich lebe mein Leben in Würde und gehe stolz meinen eigenen Weg.
Klug und respektvoll gehe ich mit meiner Umgebung um
und bin achtsam mit der Natur und meinen Mitmenschen.

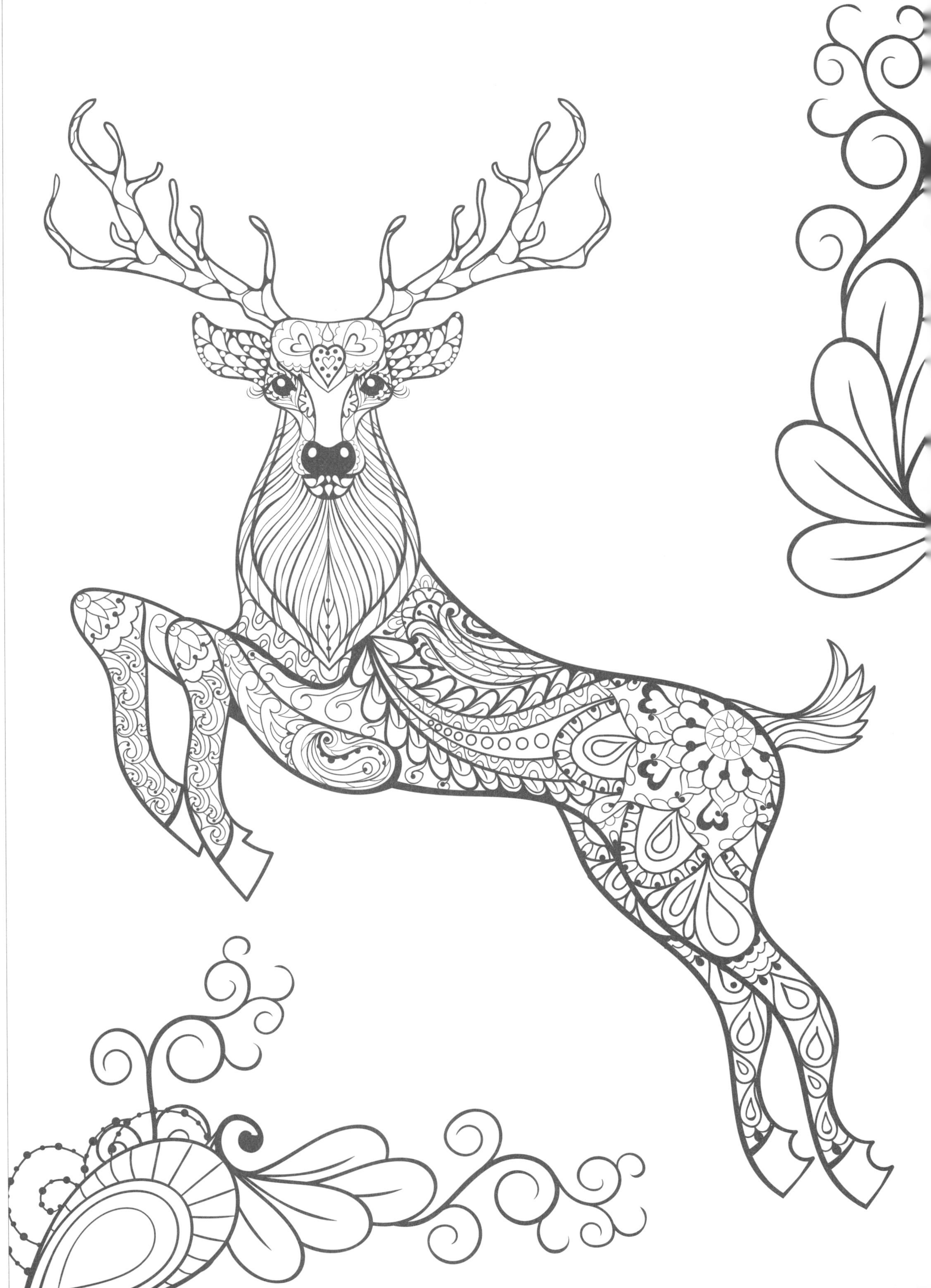

SCHWAN

WANDEL

Ich habe keine Angst vor Neuanfängen und Übergängen,
denn Veränderungen sind nichts, wovor man sich fürchten muss.
Auch einen Wandel in mir selbst fürchte ich nicht,
da er mir zu neuer Kraft und zu neuer Schönheit verhilft.

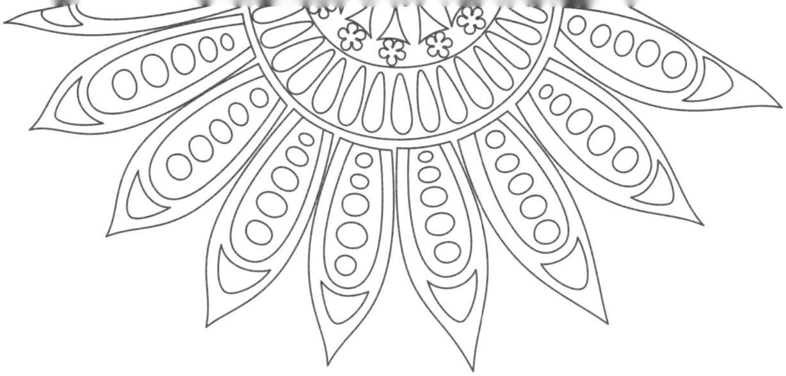

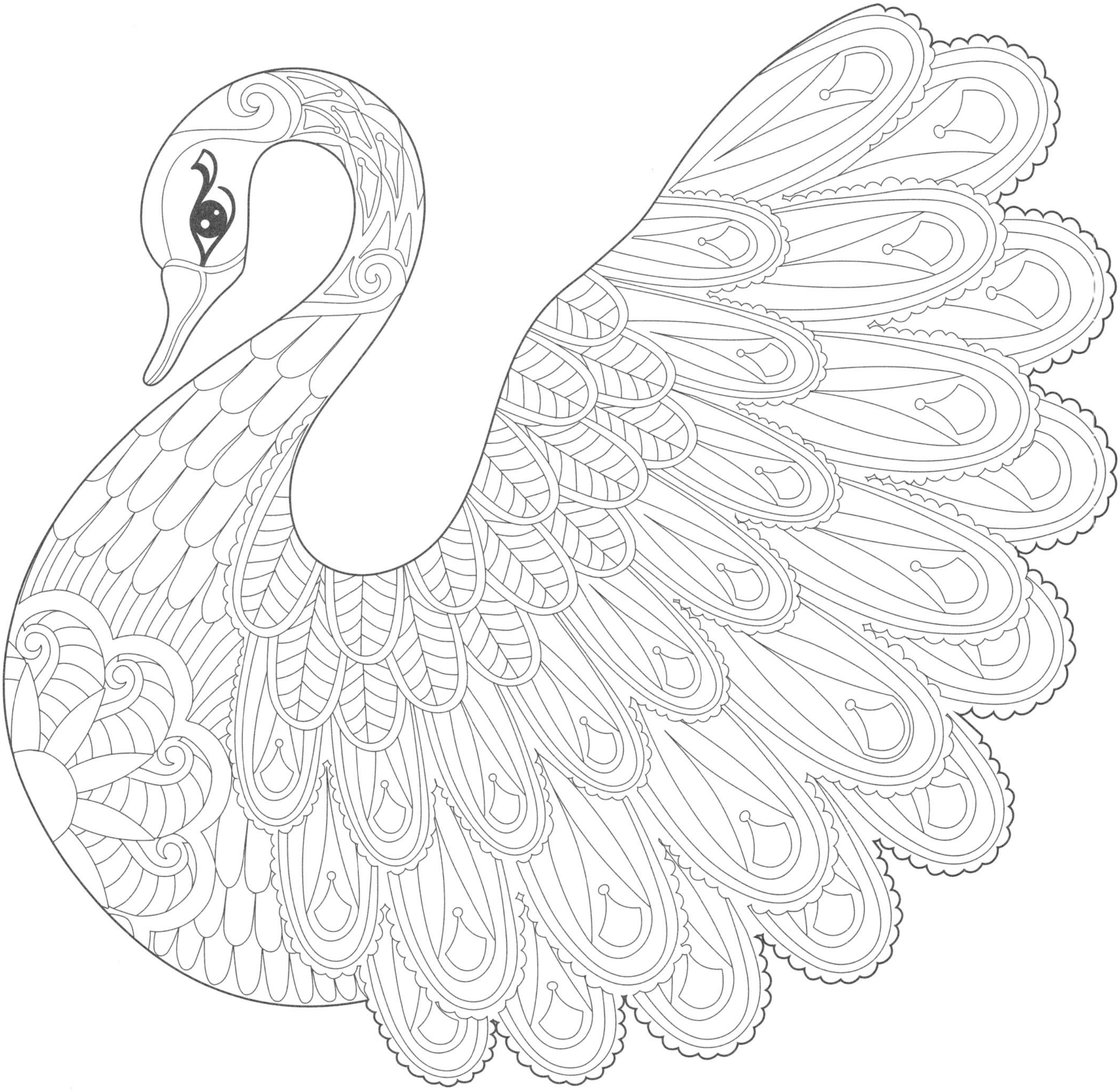

ZIEGE

Fülle des Lebens

Das Leben hält ein Füllhorn guter Dinge für mich bereit.
Eine wunderbare Zeit wartet auf mich,
ich muss diese nur erkennen und annehmen.
Das Leben ist zum Genießen da!
Deswegen tauche ich ein in die Fülle und sprühe vor Lebenskraft.

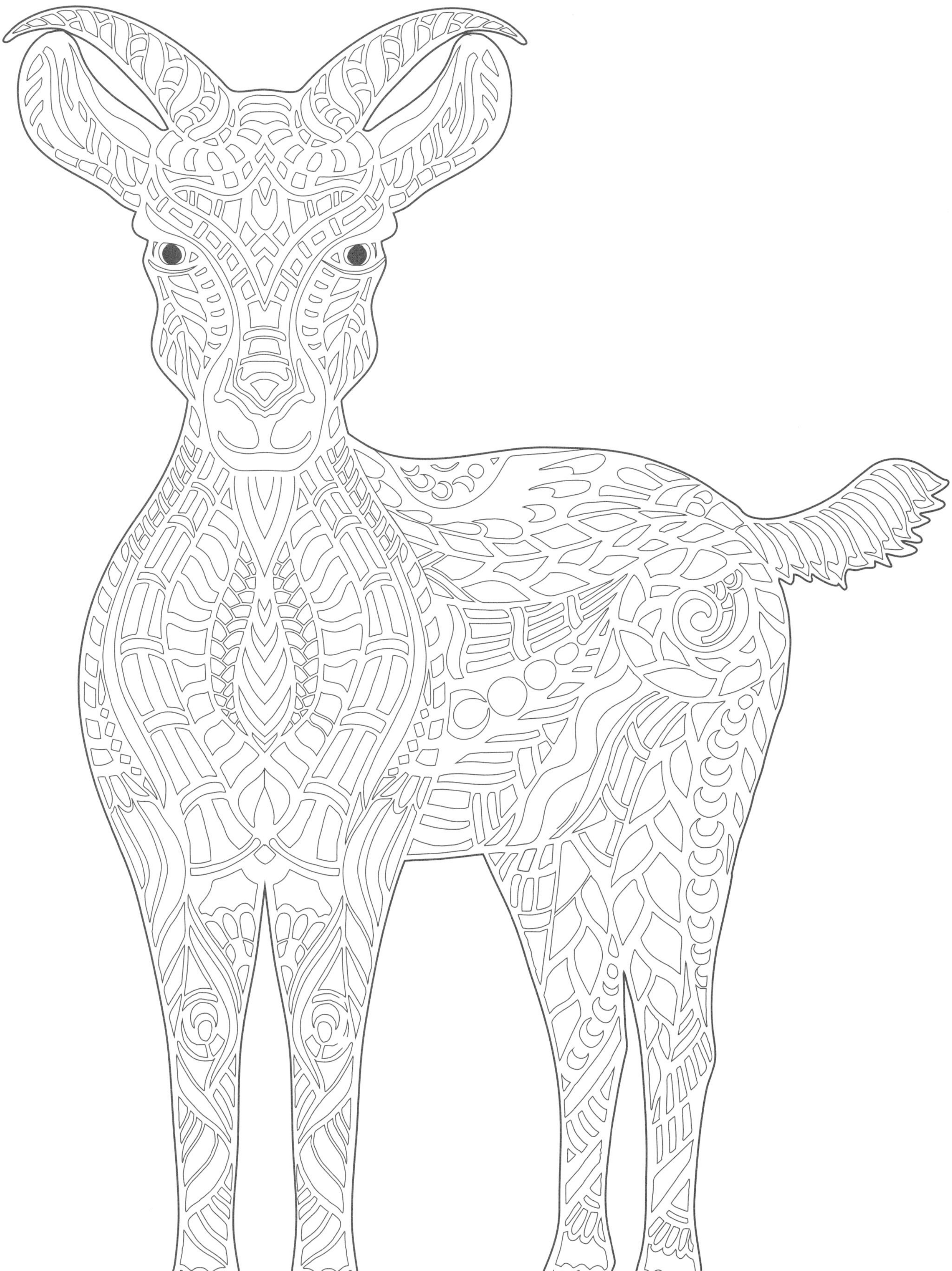

ELEFANT

Weisheit & Intuition

Ich höre auf meine innere Stimme
und lasse mich von ihr führen,
ich gehe würdevoll und bedacht meinen Weg.

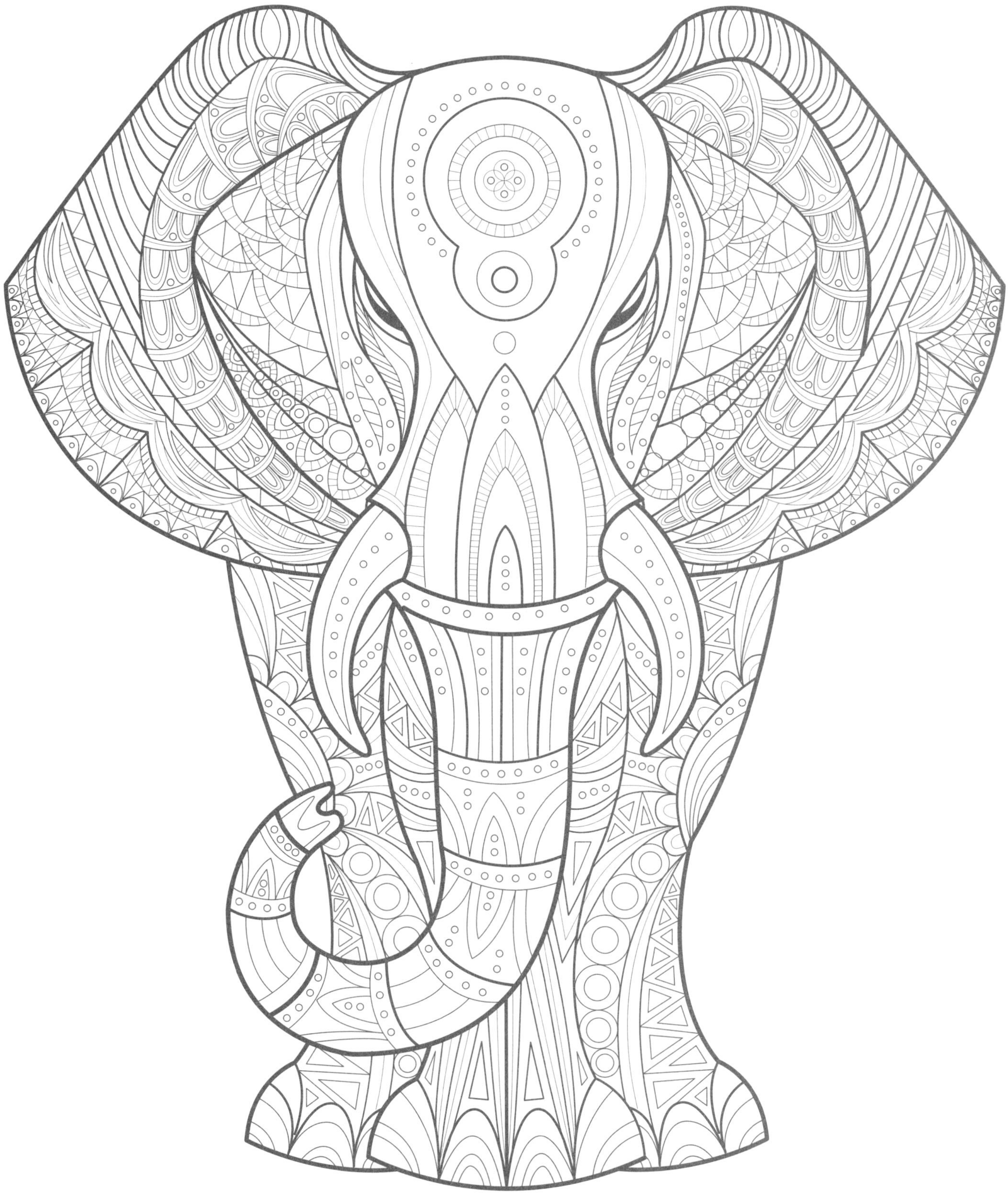

RABE

Magie und Hellsicht

In mir steckt eine starke Magie.
Ich trage hellseherische und heilende Kräfte in mir.
Ich habe keine Angst vor der Dunkelheit, denn aus ihr kommt das Licht,
das ich zum Wohle aller einsetzen kann.

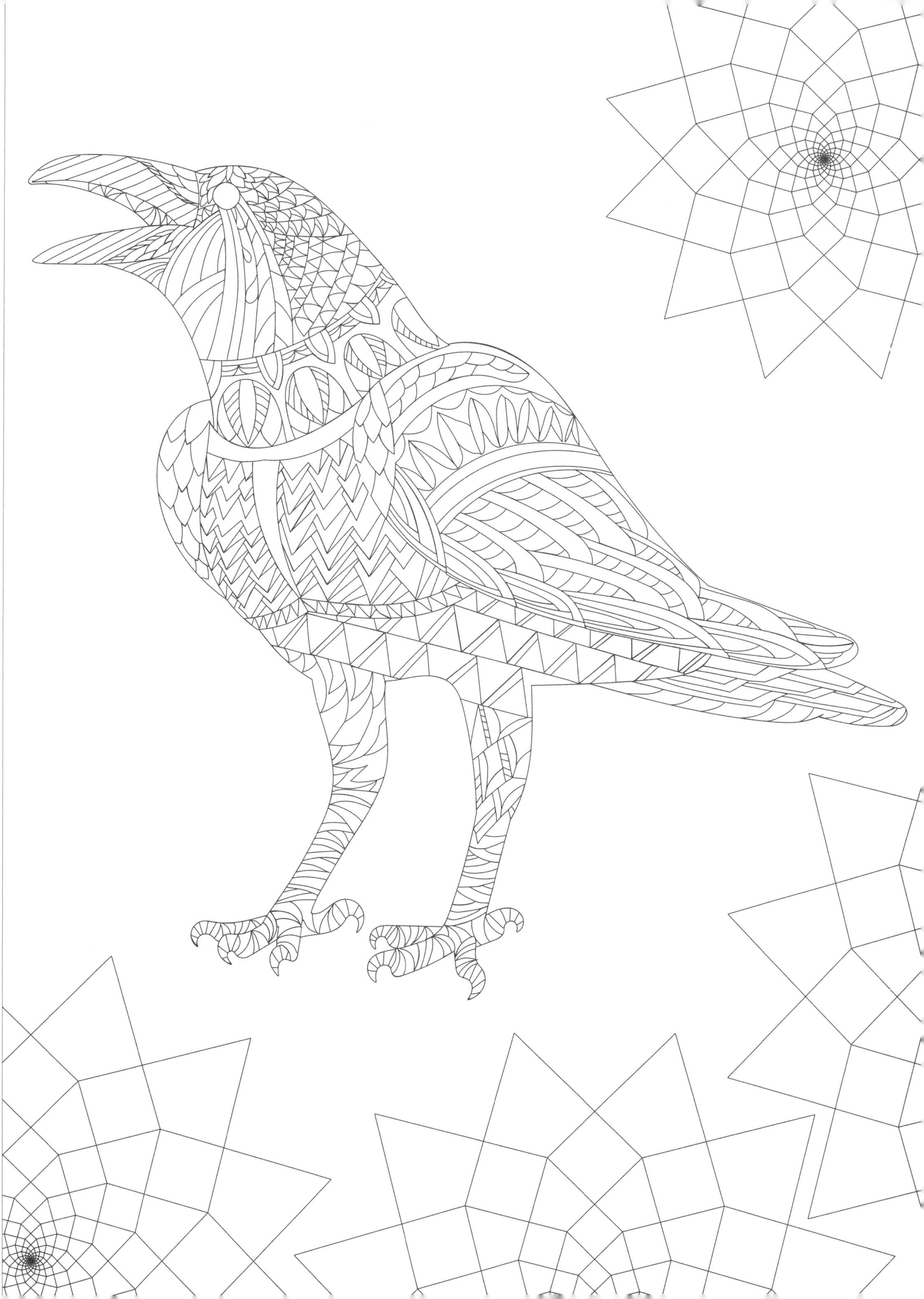

KAMEL

Ausdauer & Beharrlichkeit

Ich kann mit Gelassenheit, Ausdauer und
Disziplin meine Ziele erreichen.
Ich gebe nicht auf, ich gehe meinen Weg und schaffe,
was ich mir vorgenommen habe.

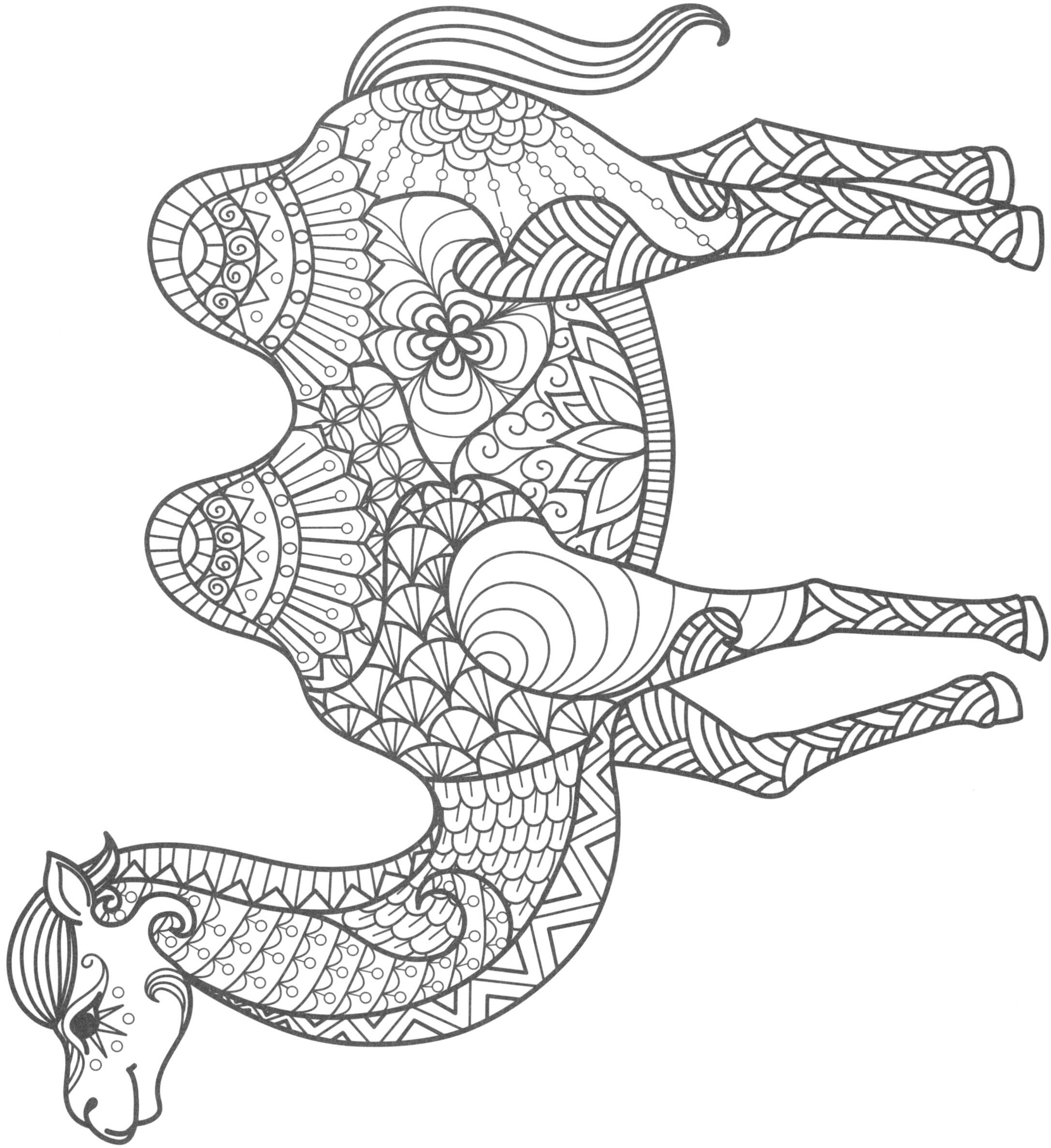

FUCHS

Klugheit & Tarnung

Ich erkenne meinen Wert und habe Vertrauen in meine Intelligenz.
Ich bin schlau genug, um in passenden Situationen nicht aufzufallen,
zu beobachten und erst dann bedacht zu handeln.

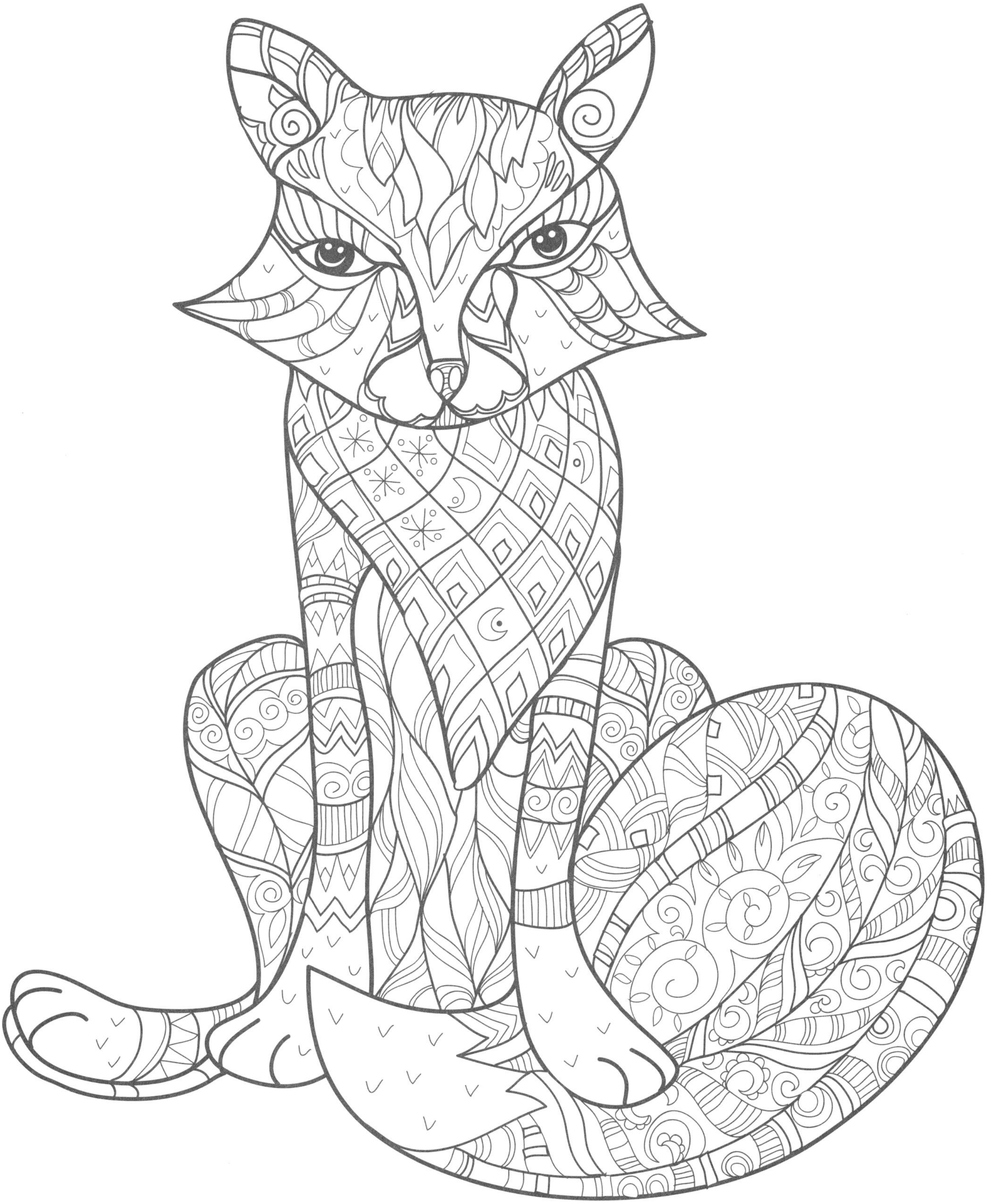

DELFIN

Lebensfreude

Ich lasse Freude und Spaß in mein Leben
und bringe Harmonie und Leichtigkeit in mein Dasein.

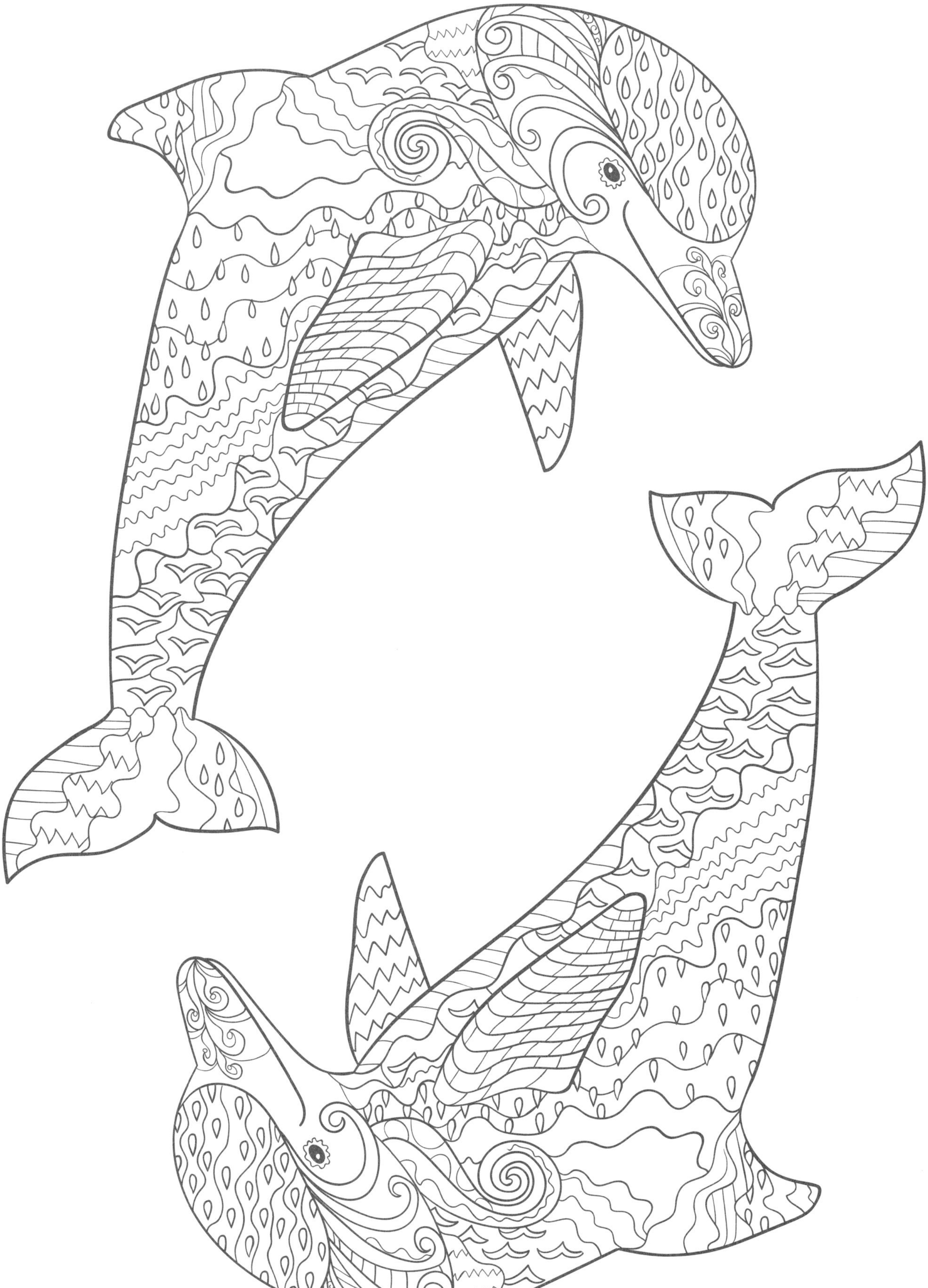

PFERD

Freiheit

Ich befreie mich aus Abhängigkeiten
hinein in die Freiheit und Unabhängigkeit.
Ich kann meine Grenzen sprengen und Neuland betreten,
mich neu ausrichten und gestärkt weitergehen.

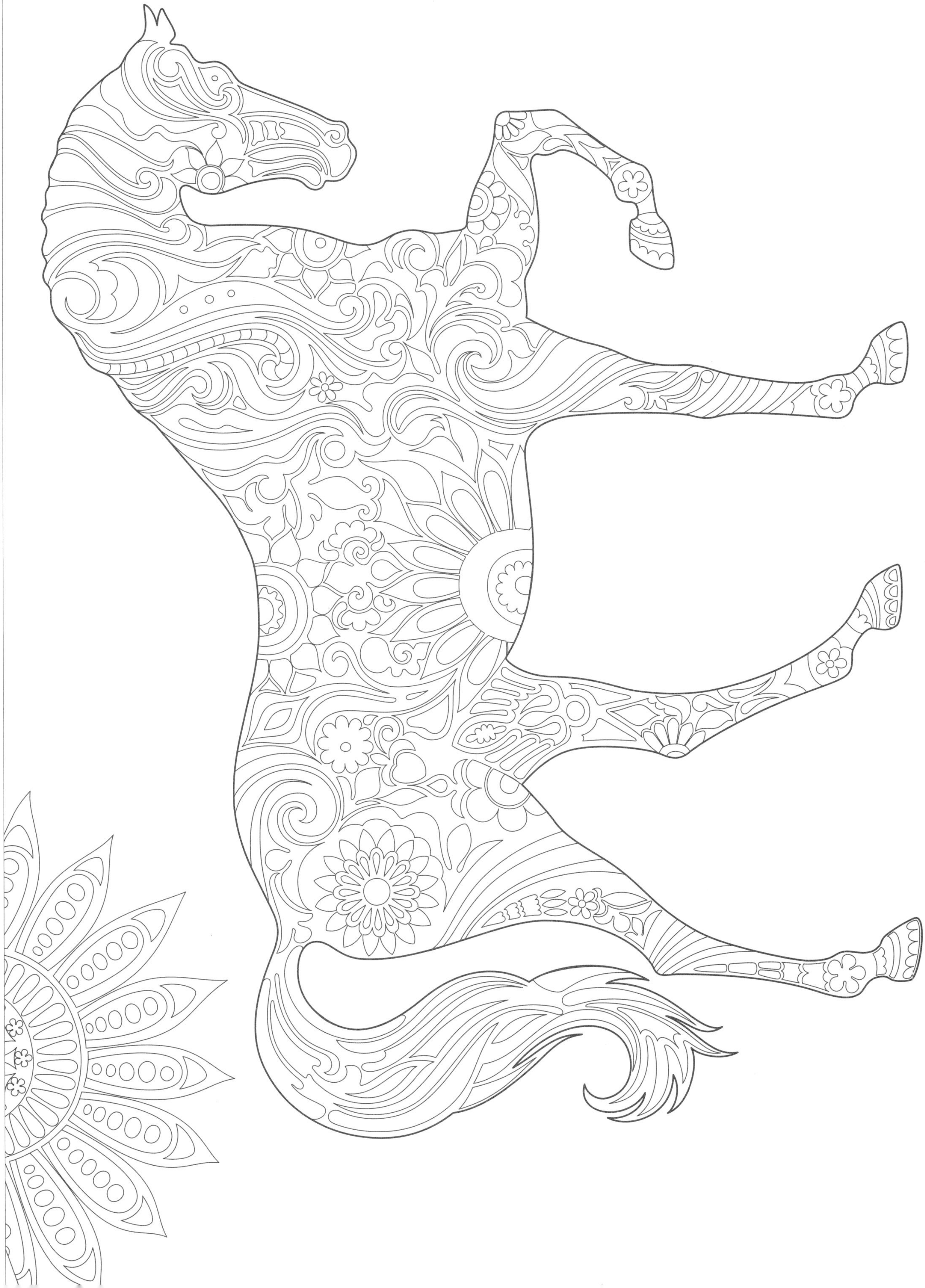

SCHMETTERLING

Transformation

Ich erlebe einen Prozess des Wandels
und stelle mich auf Veränderungen ein.
Ich bin bereit etwas Altes loszulassen,
damit aus ihm etwas Neues entstehen kann.

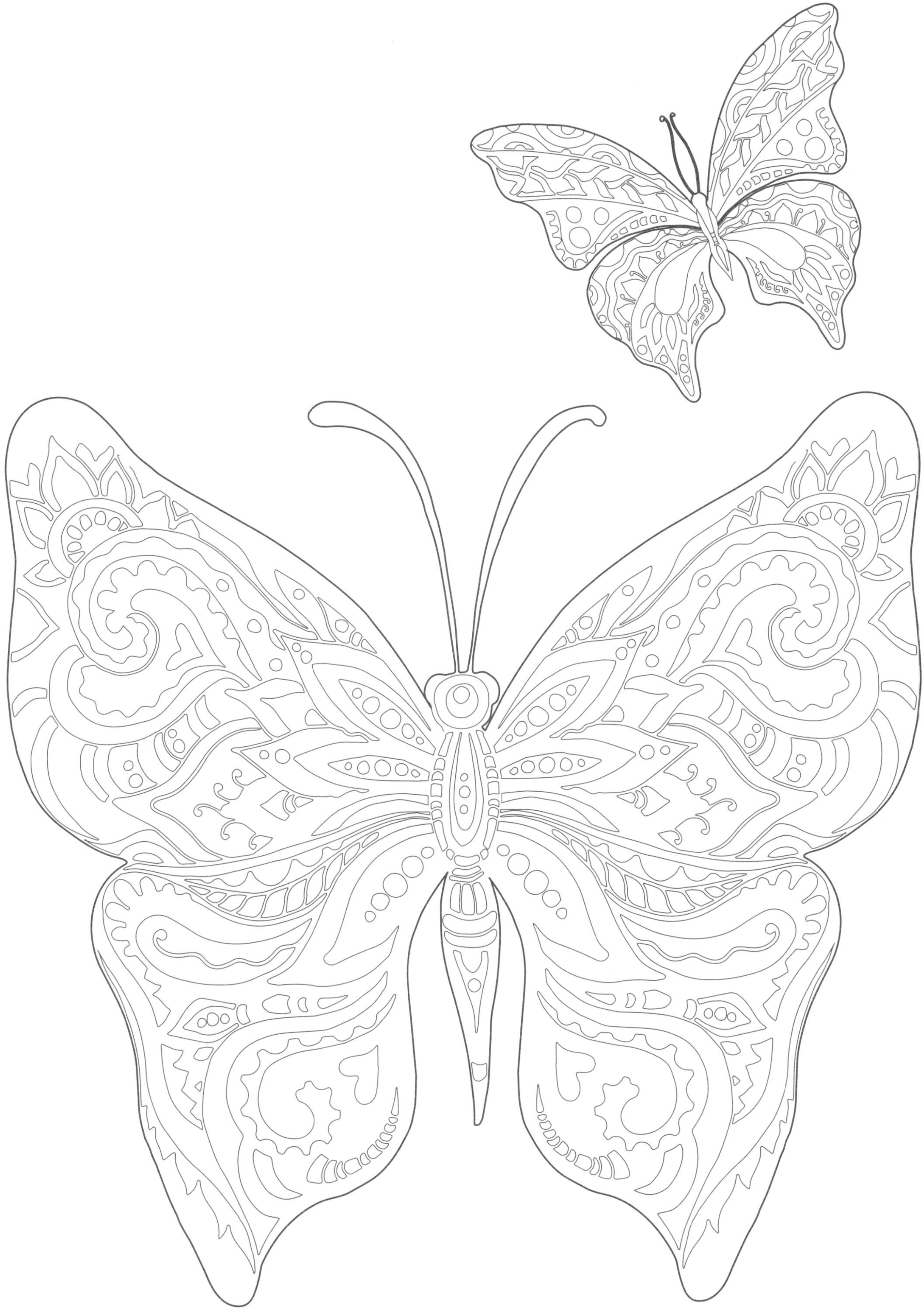

ROBBE

Urvertrauen

Ich begebe mich auf eine Reise
in mein eigenes Urmeer und die Tiefen meiner Seele.
In meinem Urvertrauen, auf dem Grund meines Seins,
entdecke ich meine wahren Gefühle und Fähigkeiten
und die Kraft, um meine Träume zu verwirklichen.

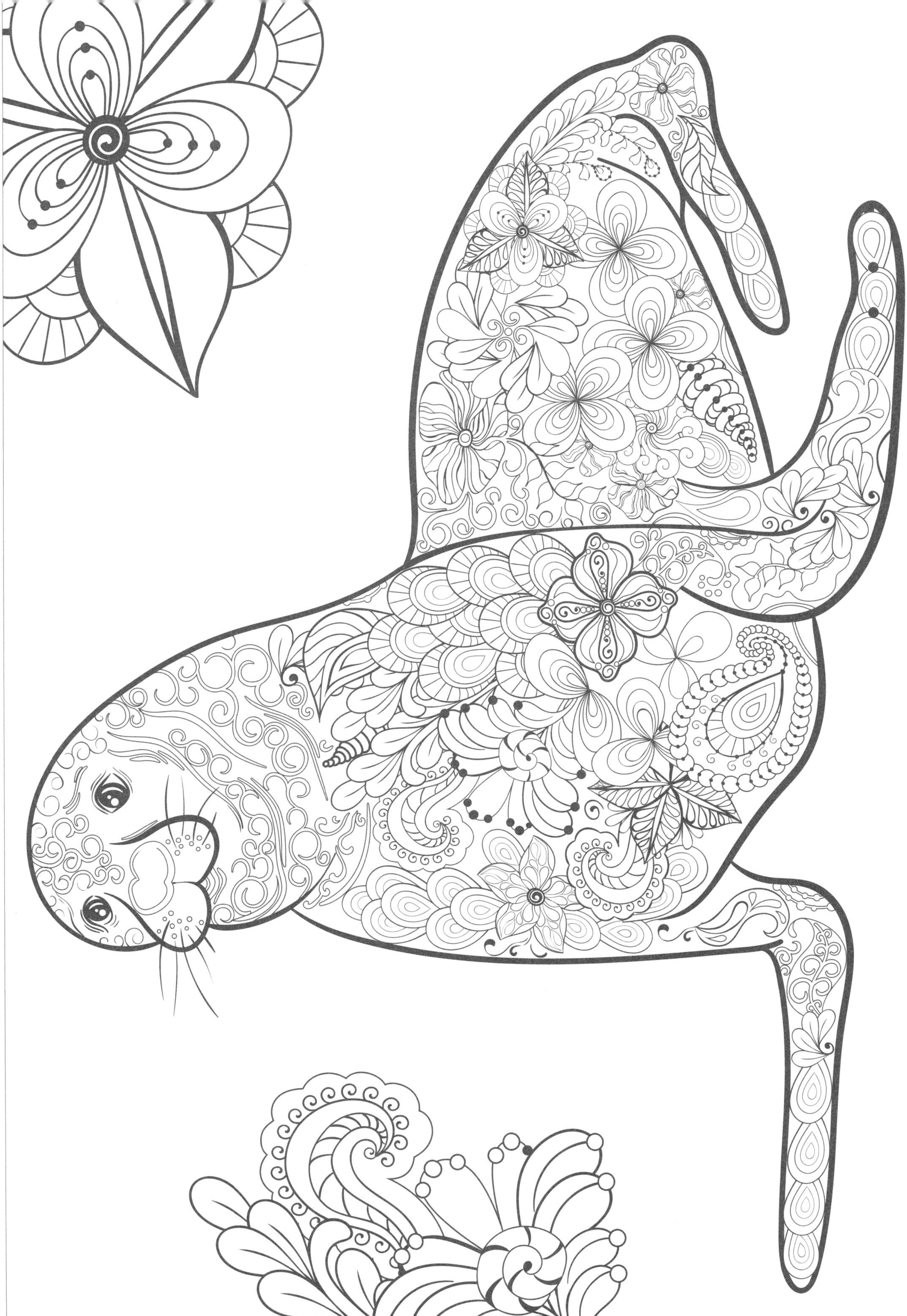

KATZE

Unabhängigkeit & Eigenständigkeit

Ich nehme mein Leben selbst in die Hand
und lasse es nicht von andern bestimmen.
Ich kann für mich selbst sorgen und schulde niemandem etwas.
Das, was ich gebe, gebe ich freiwillig und von ganzem Herzen.

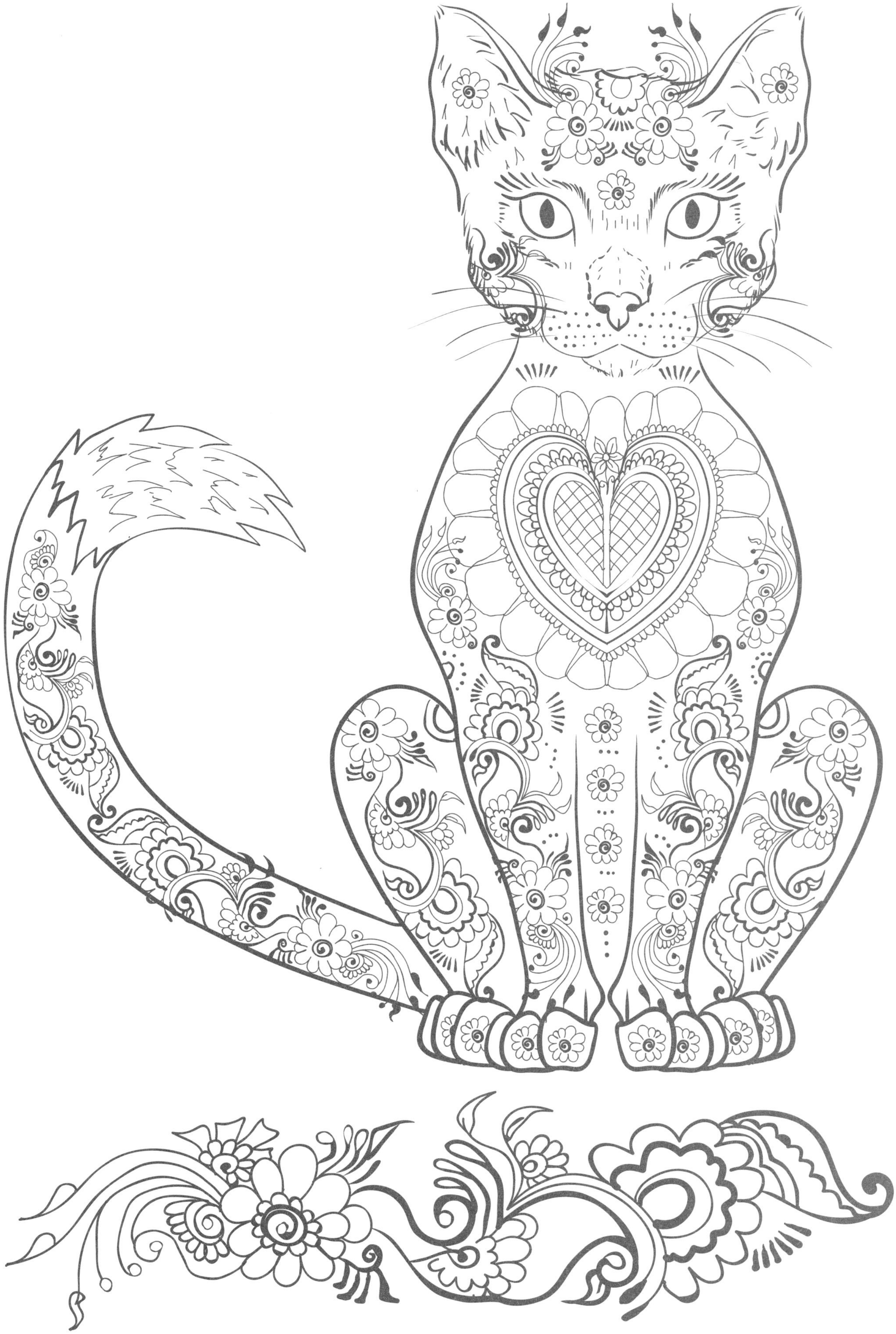

EULE

Weisheit & Intuition

Ich trage ein großes Wissen, eine große Weisheit in mir.
Ich nutze meine Weisheit und die mir innen wohnende Intuition,
um mein ganzes Potenzial zu entfalten.

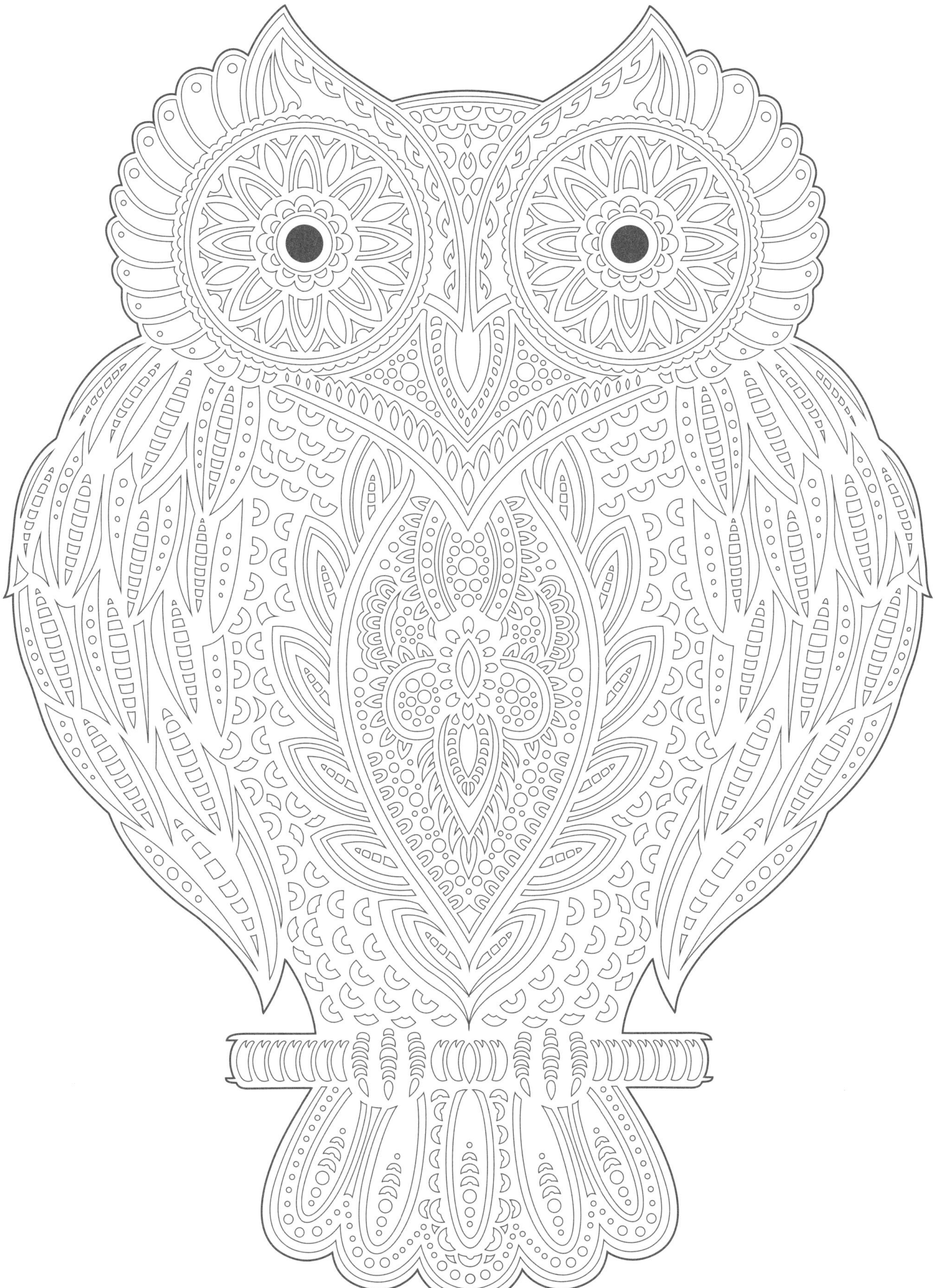

SCHWEIN

Glück und Lebensfreude

Ich liebe und genieße mein Leben und freue mich
über das große Glück in den kleinen Momenten des Lebens.
Ich öffne mich den schönen Augenblicken
und erkenne das Glück, wenn es an meine Tür klopft.

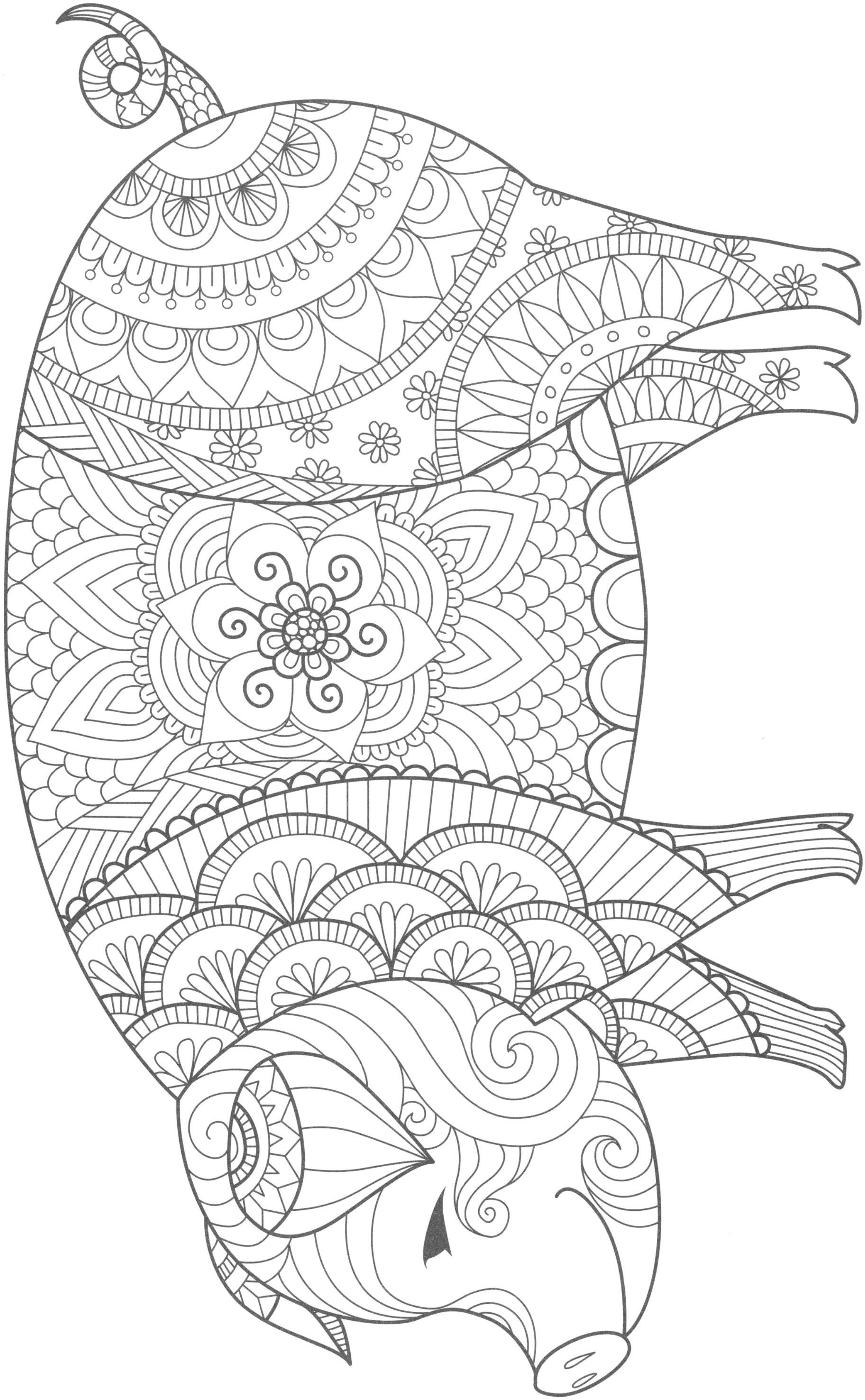

HUND

Treue & Loyalität

Ich bin mir selbst treu und
absolut loyal gegenüber anderen.
Ich zeige meine Zuneigung offen und schütze,
was mir lieb und teuer ist.

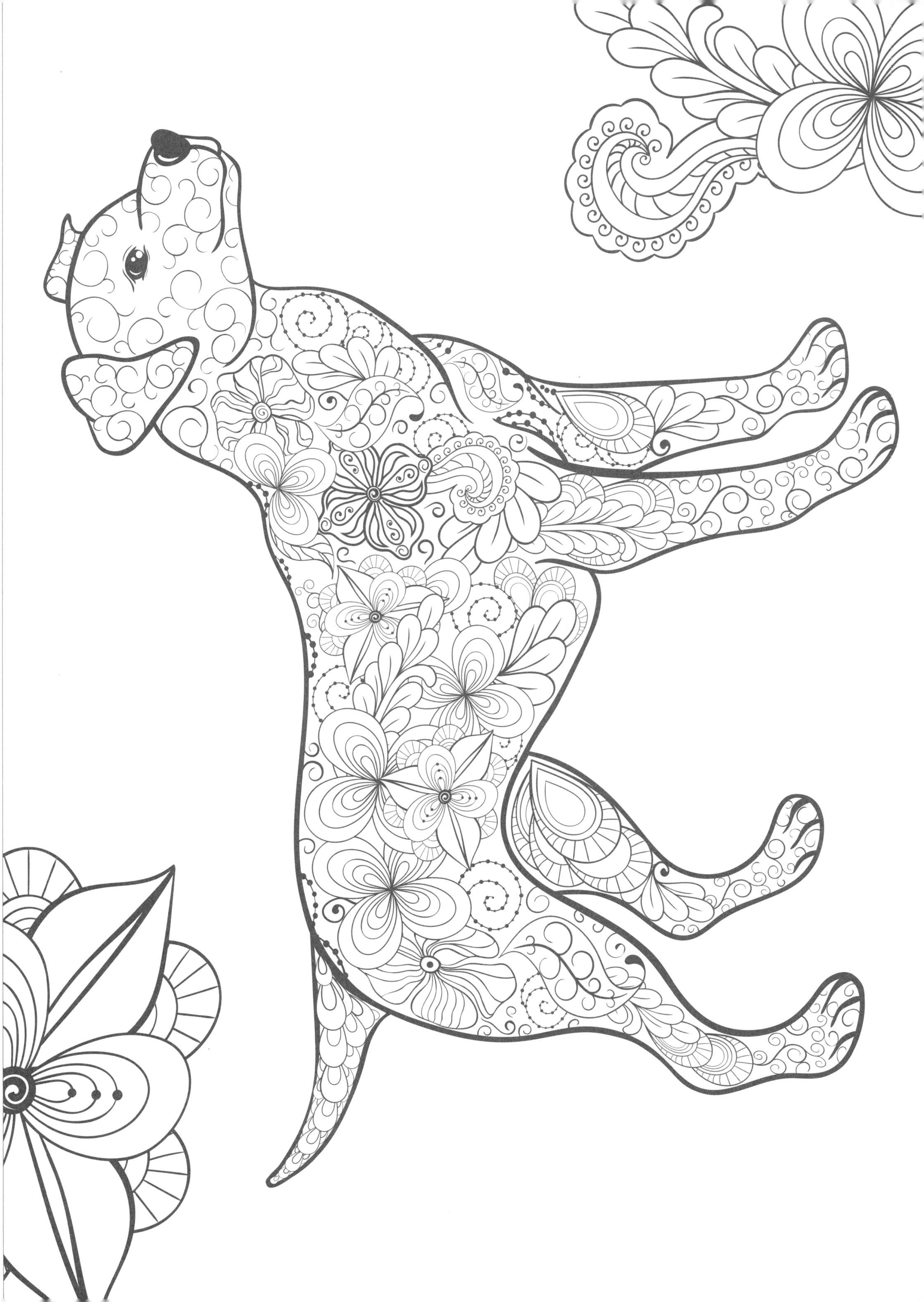

STIER

Ruhe und Beherrschung

Ich weiß, dass die Kraft in der Ruhe liegt und lasse mich nicht
von unwesentlichen Dingen aus der Fassung bringen.
Ich lasse mich nicht zum Zorn reizen,
sondern ergründe die Hintergründe meiner Wut
und den dahinter liegenden Mechanismus.

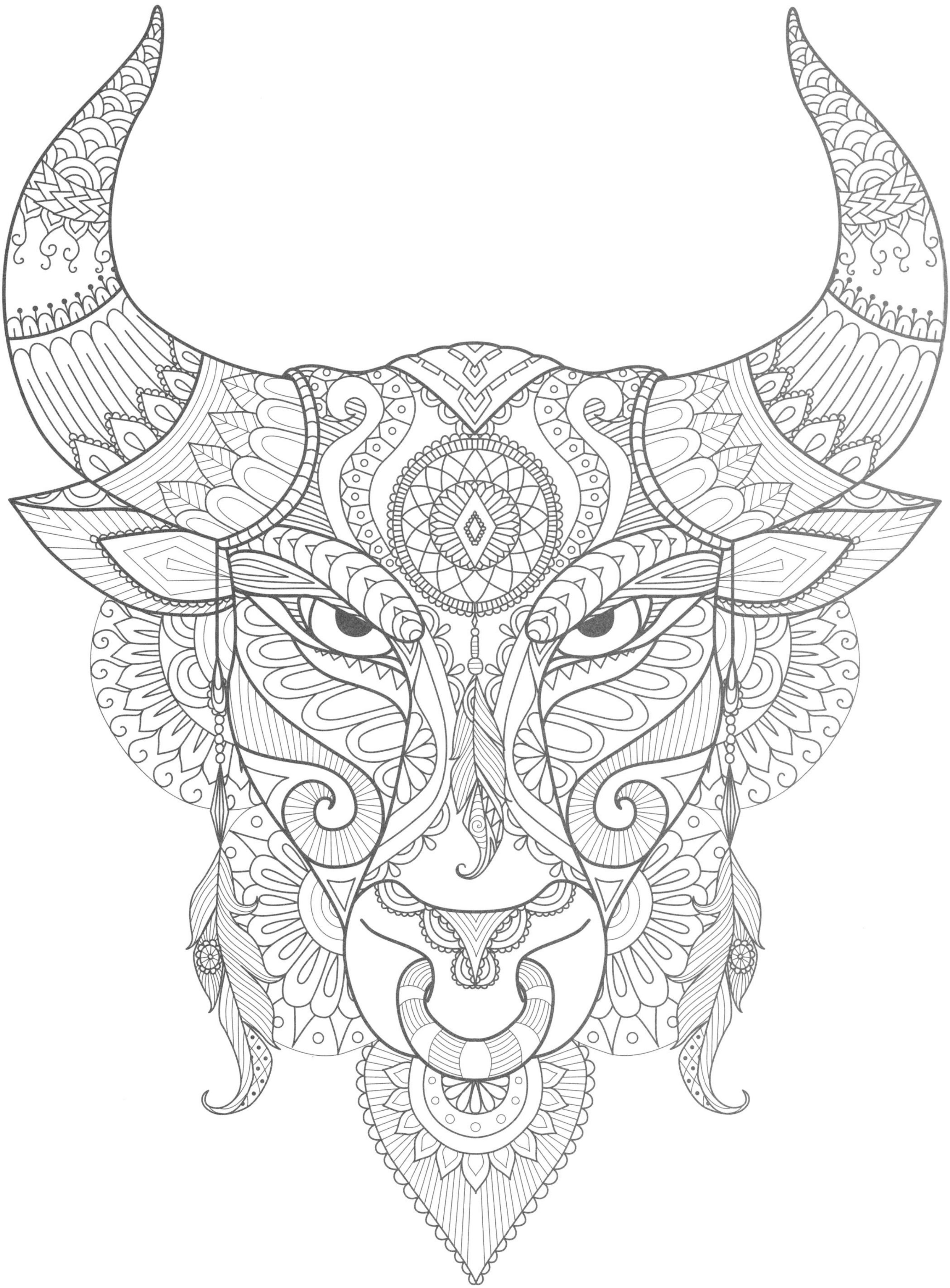

HUHN

Fruchtbarkeit & Vitalität

Ich gebäre meine eigenen Ideen aus mir heraus,
hege und pflege sie.
Ich darf ausbrechen aus zu eng gewordenen Lebensumständen
und einen Neuanfang wagen.

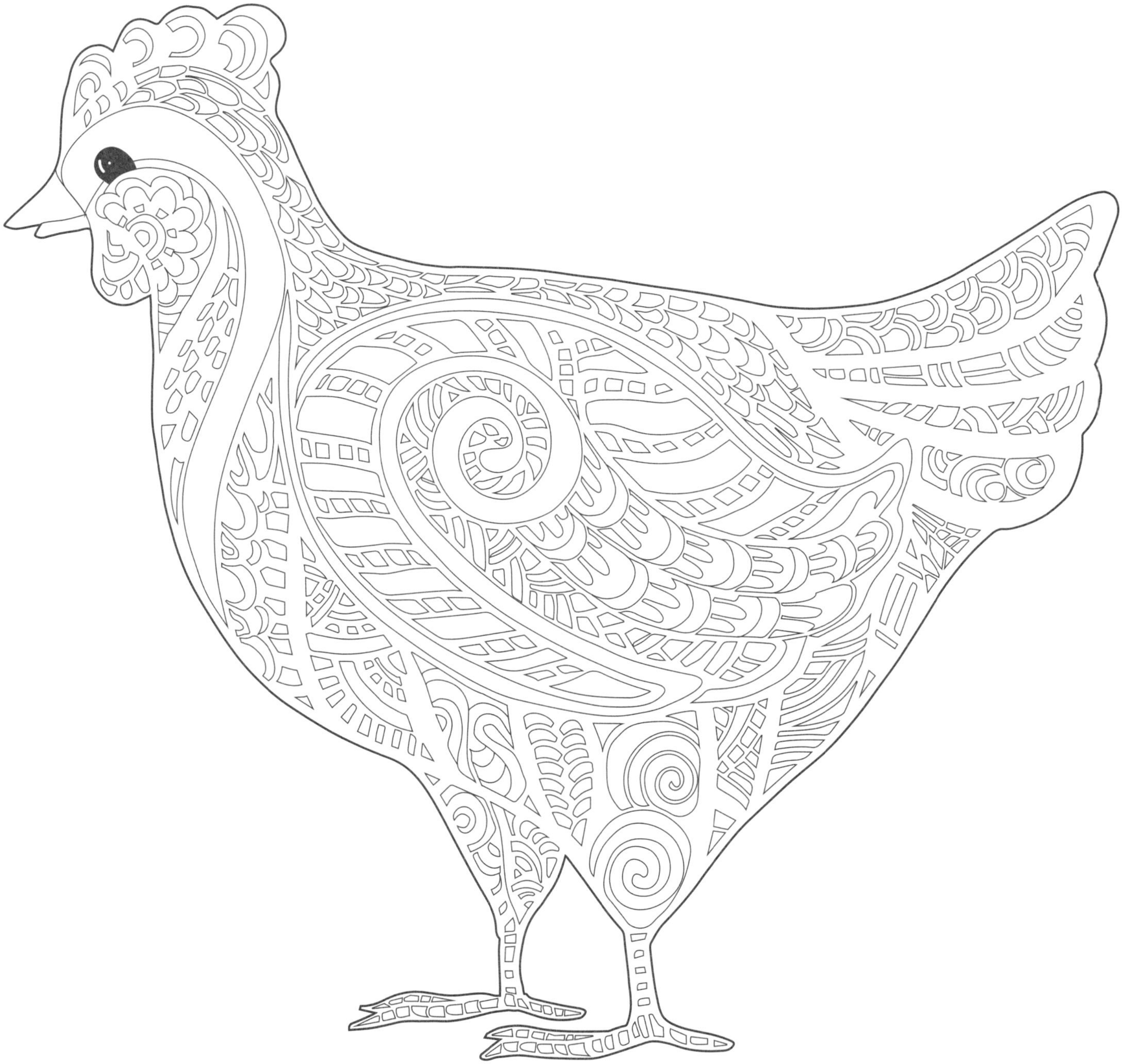

LÖWE

Autorität & Kraft

In meiner Mitte liegt die Kraft.
Ich bin innerlich zentriert
und setze meine Kraft achtsam ein,
um mich den Aufgaben meines Lebens
verantwortungsvoll zu stellen.

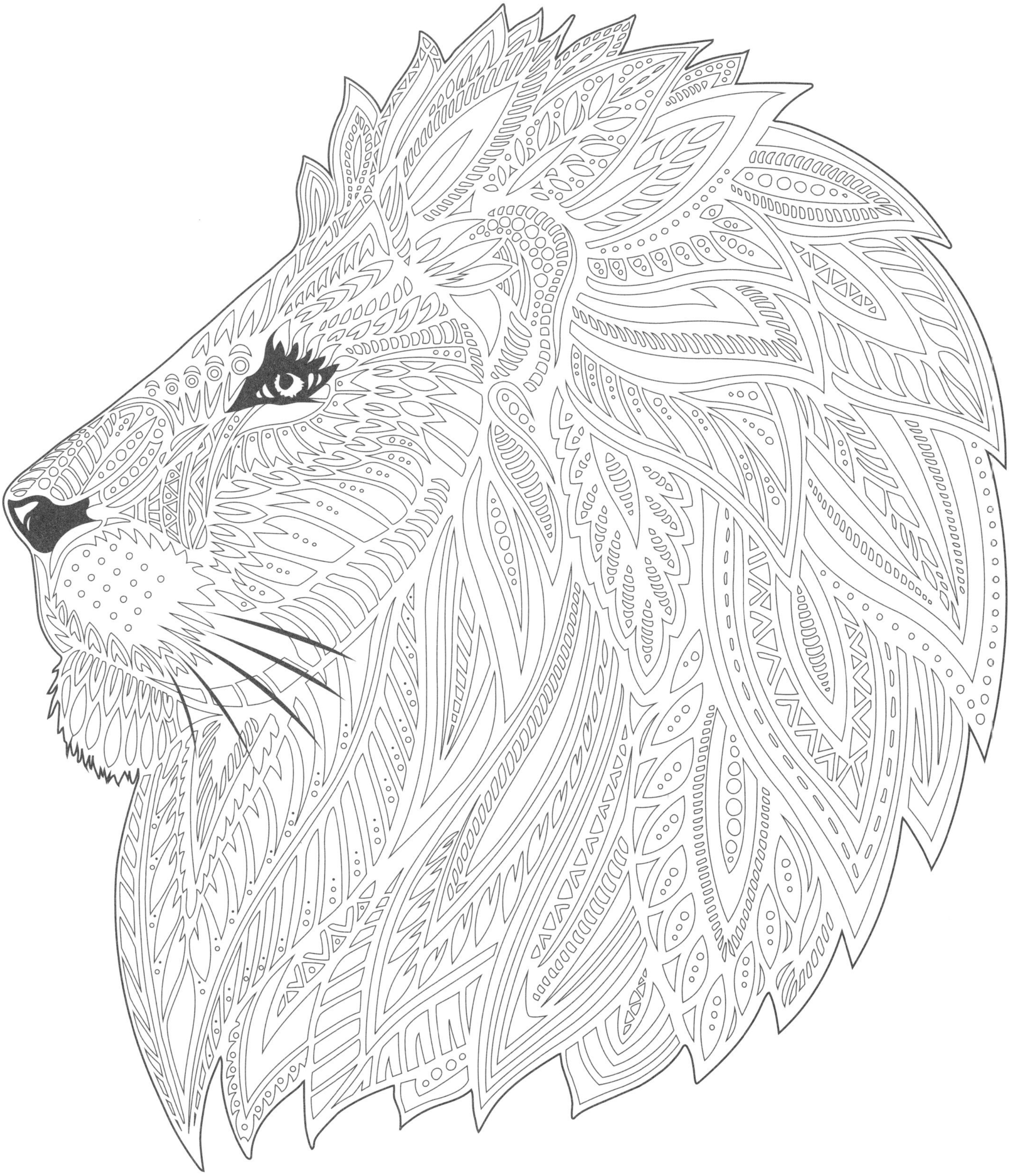

Bildnachweise www.fotolia.com:

Hund, Robbe: © vasylieva_yuliya
Skorpion: © photo-nuke
Pfau: © alka5051
Schildkröte, Salamander, Schmetterling: © natality
Affe: © fighterfrancevna
Wal, Fledermaus, Hirsch: © ipanki
Kuh, Fuchs: © yazzik
Tiger, Bär, Rabe: © sailin_on
Delfin: © lezhepyoka
Pferd: © (IP)
Katze: © mysoulart

Bildnachweise www.shutterstock.com:

Adler, Krebs, Ratte, Kamel, Schwein, Stier: © Bimbim
Eichhörnchen: © totallypic
Hase: © Nuarevik
Luchs, Wolf: © Evgeniya Anfimova
Frosch: © lenkis_art
Schwan: © panki
Ziege, Huhn: © Helen Lane
Elefant: © NotionPic
Eule, Löwe: © Nadezhda Molkentin

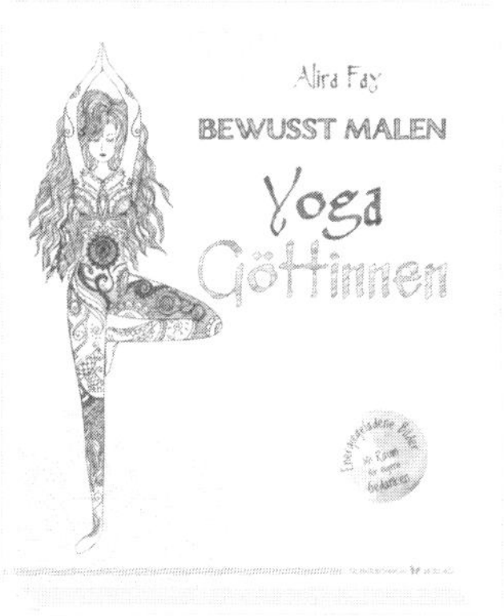

Alira Fay

Bewusst malen – Yoga Göttinnen

Gönnen Sie sich eine kreative Ruhepause im Alltag. 36 wunderschöne Yoga-Göttinnen laden in diesem zauberhaften Ausmalbuch zum Kolorieren und zum Kreativwerden ein. Jedes Bild wird von einem kleinen inspirativen Spruch begleitet. Eine Hommage an die Weiblichkeit – denn in jeder Frau steckt eine Göttin! Begeben Sie sich auf die Entdeckungsreise zu Ihrer eigenen Weiblichkeit und erwecken Sie durch den wohltuenden Zauber des Ausmalens die Göttin auch in Ihnen selbst. Seien Sie verspielt und kreativ! Lassen Sie Ihr Herz kommunizieren und Ihre Farben blühen. Sie werden überrascht sein, was das alles auslösen kann ...

88 Seiten, gebunden · ISBN 978-3-89845-531-2 · € [D] 9.95

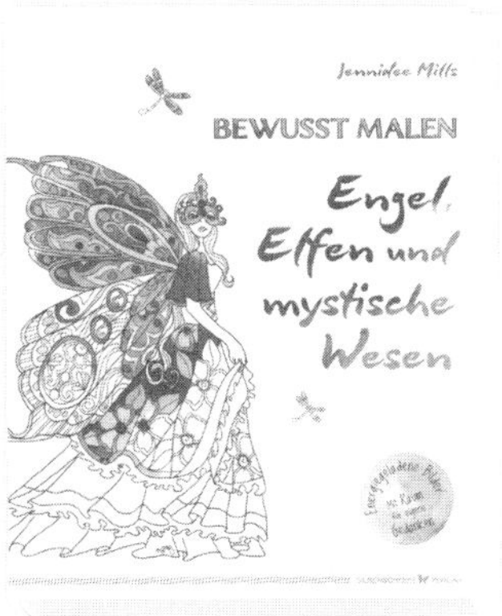

Jennidee Mills

Bewusst malen – Engel, Elfen & mystische Wesen

Wenn Sie das Hobby des Ausmalens für sich entdeckt haben und Engel und Elfen mögen, werden Sie dieses Buch lieben!
Über 30 wunderschöne, fröhliche und verträumte Motive zauberhafter weiblicher Wesen laden Sie zum Kolorieren ein. Jedes Bild wird von einem poetischen Text begleitet, und für Ihre eigenen Gedanken und Ideen bietet das Buch ebenfalls Platz. Gönnen Sie sich eine kreative Ruhepause im Alltag und lassen Sie Ihrer Kreativität freien Lauf. Sie werden sehen, dass dies nicht nur eine Menge Spaß macht, sondern negative Gefühle und Stress einfach verschwinden lässt und Sie mit einem Gefühl von Wohlergehen und innerer Ruhe erfüllt.

88 Seiten, gebundent · ISBN 978-3-89845-509-1 · € [D] 9.95

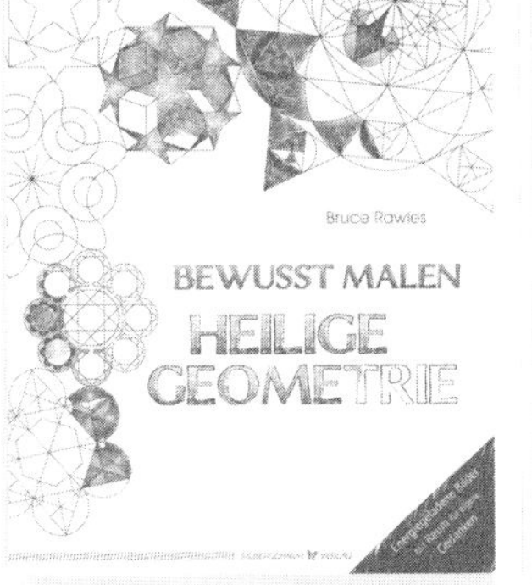

Bruce Rawles

Bewusst malen – Heilige Geometrie

Mit bewusstem Ausmalen schöpfen Sie Ruhe, Gelassenheit und neue Inspiration. In diesem Buch warten über 30 inspirierende Motive der heiligen Geometrie darauf, von Ihnen mit Farbe gefüllt zu werden. Jedes Bild wird von einem kleinen Spruch begleitet, und für Ihre eigenen Gedanken und Ideen bietet das Buch ebenfalls Platz. Lassen Sie sich bewusst auf die Bilder ein und versinken Sie beim Ausmalen ganz in der Welt der kosmischen Strukturen. Sie werden sehen, dass dies nicht nur eine Menge Spaß macht, sondern negative Gefühle und Stress einfach verschwinden lässt und Sie mit einem Gefühl von Wohlergehen und innerer Ruhe erfüllt.

88 Seiten, gebunden · ISBN 978-3-89845-510-7 · € [D] 9.95

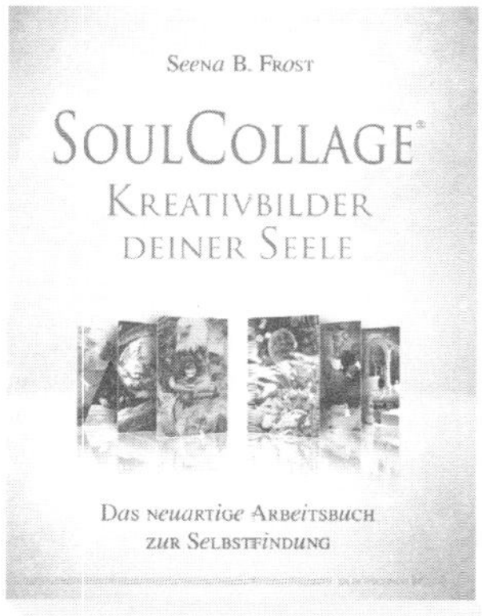

Seena B. Frost

SoulCollage® – Kreativbilder deiner Seele

Das neuartige Arbeitsbuch zur Selbstfindung

SoulCollage® ist die neue, sehr kreative Art, sich selbst besser kennenzulernen. Alles, was Sie dafür brauchen, ist eine Schere, Fotos oder ein paar Magazine und Klebstoff. Seena B. Frost hat mit SoulCollage® eine ungewöhnlich individuelle Methode entwickelt, um Bilder Ihrer Seelenlandschaften zu schaffen.
Die kreierten Seelencollagen spiegeln unseren ganz persönlichen Archetypus wider und geben uns die Möglichkeit, unserer eigenen, intuitiven Weisheit zu lauschen, die durch die Bilder der Karten auftaucht. Und so entdecken wir unsere Seele mit ihren Schatten sowie ihren angeborenen Fähigkeiten und können unsere Ziele im Leben erfolgreich verfolgen.

224 Seiten, durchg.farbig, broschiert · ISBN 978-3-89845-406-3 · € [D] 19,95

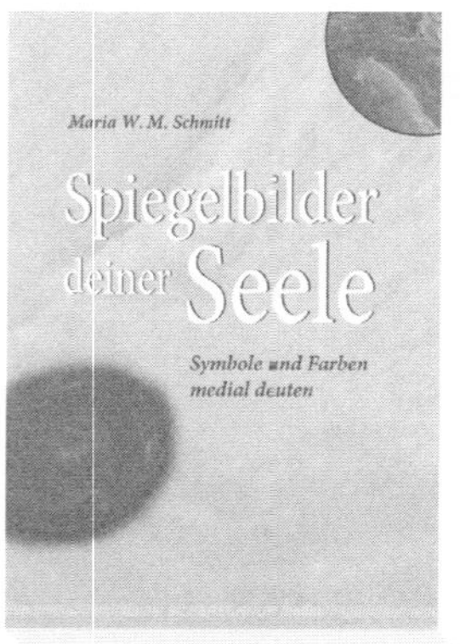

Maria W. M. Schmitt

Spiegelbilder deiner Seele

Symbole und Farben medial deuten

Ein Schlüssel, um unsere medialen Wahrnehmungssinne zu öffnen
Die Seele, das geheimnisvolle, unsichtbare Wesen ... Doch mit den verschiedenen Techniken des medialen Malens wird das Spiegelbild der Seele in Form von Farben und Symbolen sichtbar gemacht. Die Bilder stellen dabei Abbilder der Persönlichkeit dar.
Ein wunderschönes Handbuch mit und über Bilder, in denen sich seelisch-geistige Aspekte und damit verbundene Entfaltungsmöglichkeiten spiegeln. Machen Sie sich im wahrsten Sinne des Wortes ein Bild von Ihrer Seele ...

176 Seiten, inkl. 16 Seiten Farbteil, broschiert · ISBN 978-3-89845-297-7 · € [D] 12,90

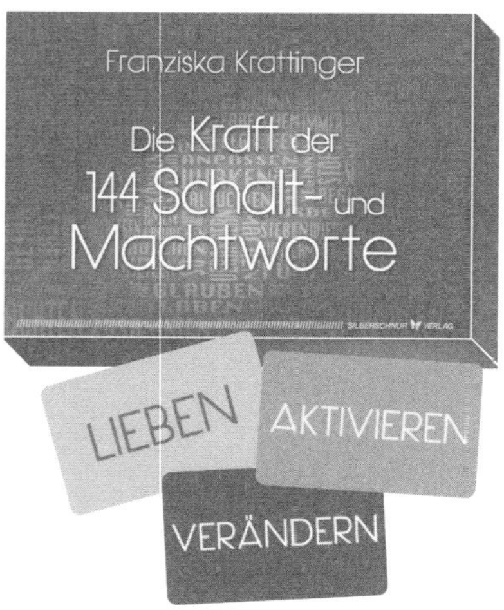

Franziska Krattinger

Die Kraft der 144 Schalt- und Machtworte

Es ist schwer, eingefahrene Wege zu verlassen und wirklich etwas in seinem Leben zu verändern.
Die 144 wirkungsvollen Karten mit Schalt- und Machtworten helfen dabei, denn sie erwecken die uns innerwohnende positive Macht zur selbstbestimmten Veränderung von Situationen und Vorhaben. Eines dieser Worte genügt bereits, um einen unterbrochenen energetischen Fluss wieder zum Laufen zu bringen und so alles zum Besten zu lenken!
Schalten auch Sie einfach um – und beobachten Sie die positiven Veränderungen in Ihrem täglichen Leben. Sie haben WIRKLICH die Macht dazu!

144 Karten mit Kurzanleitung, inkl. Miniposter, in Box · EAN 4260075280-28-8 · € [D] 19,95

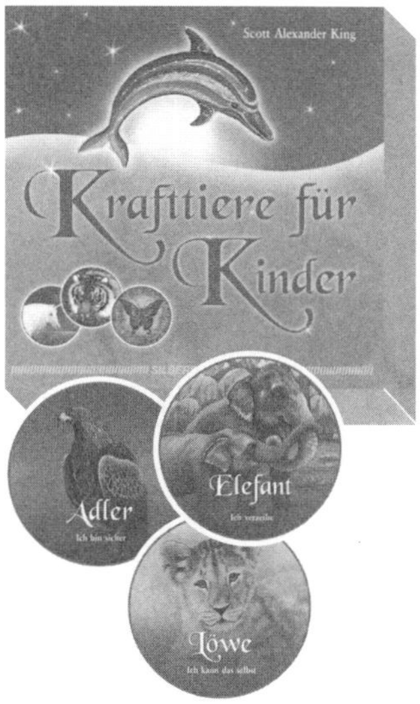

Scott Alexander King

Krafttiere für Kinder

Ein Kind in unserer modernen Welt zu sein, ist manchmal schwierig, wenn man eine Entscheidung treffen muss, es einem nicht gut geht oder man traurig ist. Wie schön, wenn man dann einen Freund hat, mit dem man reden kann, der zuhört und hilft. Krafttiere sind diese liebevollen Freunde, die dich unterstützen, dir helfen und dich beraten. Schon die alten Kulturen wussten, dass wir mit den Tieren kommunizieren und von ihnen lernen können. Auch du kannst mit den Tieren sprechen, und dieses wunderschön illustrierte Kartenset hilft dir dabei, die Botschaften der Tiere zu verstehen. Wann immer du den Krafttieren deine Sorgen und Ängste mitteilst, werden sie dir Antwort auf deine Fragen geben, dir Kraft und Vertrauen spenden und dich auf deinem Weg durch das Leben begleiten.

45 runde, farbige Karten, Ø 10 cm, mit Begleitbuch, 160 Seiten, broschiert, in Box
ISBN 978-3-89845-363-9 · € [D] 18,90

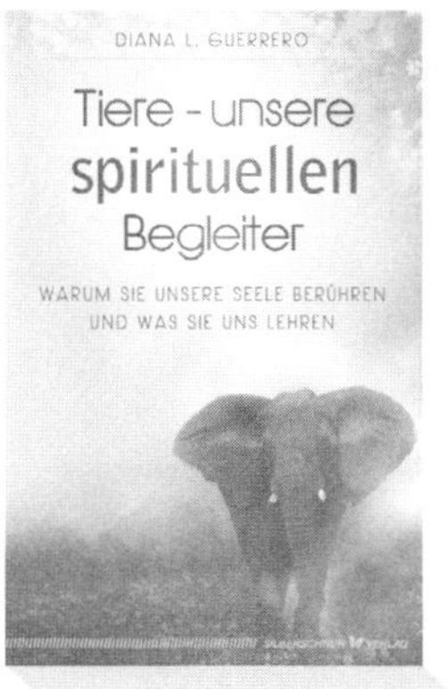

Diana L. Guerrero

Tiere – Unsere spirituellen Begleiter

Warum sie unsere Seele berühren und was sie uns lehren

Tiere haben eine ganz besondere Beziehung zu den Menschen. Sie öffnen unser Herz und zeigen uns den Weg zu innerer Stärke und vertrauensvoller Liebe. Mit Tieren zusammen zu sein heißt, etwas über sich selbst zu lernen. In diesem Buch erfahren wir, wie wir eine klare Kommunikation mit Tieren herstellen, und entdecken, dass Tiere uns helfen, Zugang zu unserer spirituellen Natur zu erhalten und unser persönliches Wachstum zu beschleunigen. So lernen wir, in Harmonie mit der ganzen Schöpfung zu leben und uns mit den Tieren und dem Vollkommenen verbunden zu fühlen.

224 Seiten, broschiert · ISBN 978-3-89845-415-5 · € [D] 14,95

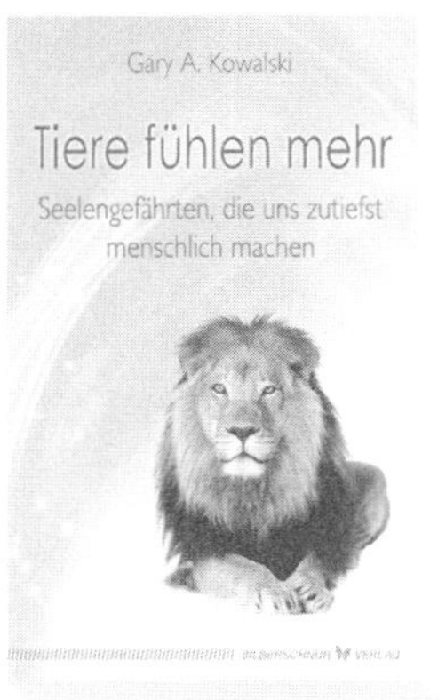

Gary A. Kowalski

Tiere fühlen mehr

Seelengefährten, die uns zutiefst menschlich machen

Tiere sind denkende, fühlende Individuen mit einem spirituellen Leben. Gary A. Kowalski hilft uns, das Rätsel der Spiritualität unserer Tiere zu lösen. Er beweist, dass Tiere gefühlvolle Wesen mit einem Zugang zur geistigen Welt sind. Sie sind lebende Seelen wie wir. Eindrucksvoll demonstriert Kowalski, wie sehr Tiere dem Menschen ähneln. Er erkundet, in welchem Maße Tiere unsere Seelen- und Reisegefährten sind und wie sie an jenen Dingen teilhaben, die uns zutiefst menschlich machen – ja wie sie uns das eigene Menschsein erkennen lassen und unsere Spiritualität bestärken.

144 Seiten, broschiert · ISBN 978-3-89845-358-5 · € [D] 12,95

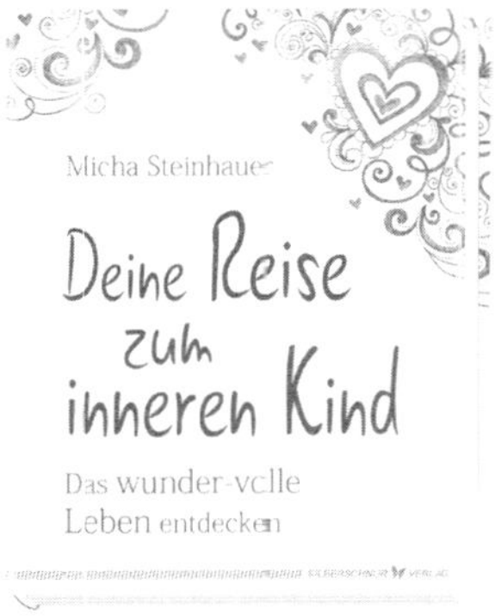

Micha Steinhauer

Deine Reise zum inneren Kind

Das wunder-volle Leben entdecken

In diesem poetischen und wunderschön illustrierten Buch macht sich Micha Steinhauer auf die Spuren unserer Kindheit und betrachtet die Welt dabei wieder aus der Sicht des Herzens, aus der Sicht der Kinder, bevor sie von der Erwachsenenwelt verfremdet wird. Wir alle haben die Welt einmal so gesehen, und Micha Steinhauer hilft uns, uns wieder an dieses Wunder zu erinnern. »Deine Reise zum inneren Kind« zeigt uns, wie wir über unsere Ängste hinauswachsen und uns für die Liebe entscheiden können. Wenn wir authentisch sind, ins Leben springen und die Welt wieder mit den Augen der Kinder sehen, entdecken wir, wie wunder-voll das Leben sein kann!

128 Seiten, durchg. farbig, gebunden · ISBN 978-3-89845-448-3 · € [D] 14,95

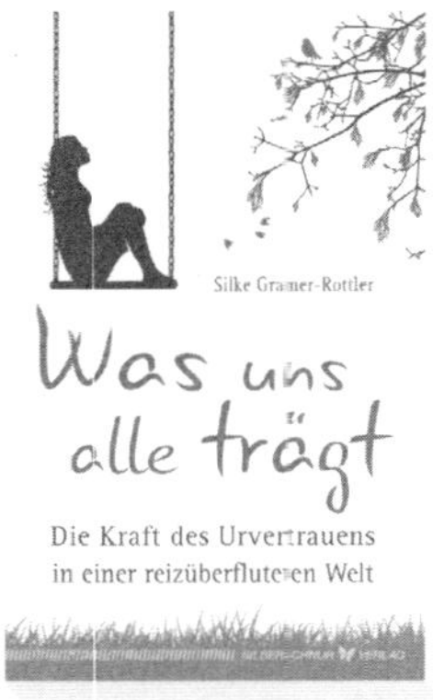

Silke Gramer-Rottler

Was uns alle trägt

Die Kraft des Urvertrauens in einer reizüberfluteten Welt

Der Weg zur Leichtigkeit des Seins!
Wir leben in einer schnelllebigen Welt, in der Hektik, Ignoranz und Ängste unseren Alltag bestimmen.
Silke Gramer-Rottler zeigt uns, wie wir zurückfinden können zur berühmten Leichtigkeit des Seins. Sie erklärt uns, wie wir in unserem Leben wieder Raum schaffen können für die wesentlichen Dinge und wie dadurch die ganzen Unsicherheiten des Alltags verschwinden.
Dieses inspirierende Buch fordert uns alle auf, innezuhalten in unserer schnelllebigen, reizüberfluteten Welt und uns auf den Weg zu machen, unseren Ängsten zu begegnen, um zu erfahren, dass das Leben uns trägt.

120 Seiten, 2-fbg., broschiert · ISBN 978-3-89845-452-0 · € [D] 12,95

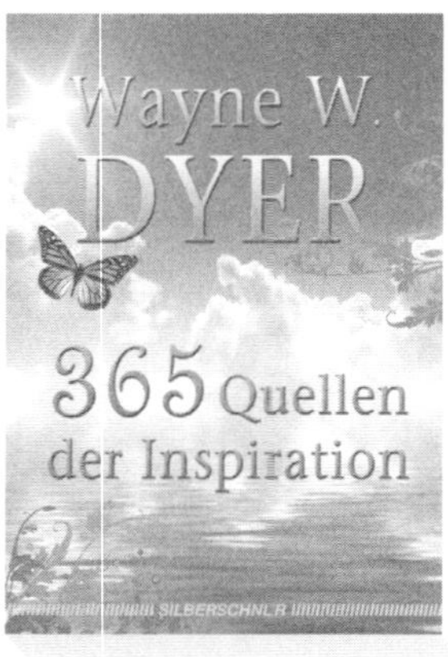

Wayne W. Dyer

365 Quellen der Inspiration

Lebe deine Inspiration!
Wayne W. Dyer, der weltweit bekannte Lebensberater hilft Ihnen, Ihre Inspiration bewusst zu aktivieren, damit sie zu einer kraftvollen Energie in Ihrem Leben werden kann. Die Botschaft dieses Buches ist klar: Inspiration ist für alle da. Sie ist nicht reserviert für einzelne, sondern Ihr Geburtsrecht, man muss sie erfahren und erfühlen.
Jede Seite dieses wahrhaft inspirierenden Buches bringt Sie einen Schritt näher an ein Leben, in dem Tag für Tag mehr Wunder wahr werden ...

384 Seiten, broschiert, durchg. farbig · ISBN 978-3-89845-300-4 · € [D] 16,90